웰다잉이
뭐예요?

웰다잉이 뭐예요?

발행일   2018년 6월 22일

지은이   건양대학교 웰다잉 융합연구회
그린이   뜬금
펴낸이   손 형 국
펴낸곳   (주)북랩
편집인   선일영   편집   권혁신, 오경진, 최승헌, 최예은, 김경무
디자인   이현수, 김민하, 한수희, 김윤주, 허지혜   제작   박기성, 황동현, 구성우, 정성배
마케팅   김회란, 박진관, 조하라
출판등록   2004. 12. 1(제2012-000051호)
주소   서울시 금천구 가산디지털 1로 168, 우림라이온스밸리 B동 B113, 114호
홈페이지   www.book.co.kr
전화번호   (02)2026-5777   팩스   (02)2026-5747

ISBN   979-11-6299-155-8 93380 (종이책)   979-11-6299-156-5 95380 (전자책)

이 도서의 국립중앙도서관 출판예정도서목록(CIP)은 서지정보유통지원시스템 홈페이지(http://seoji.nl.go.kr)와
국가자료공동목록시스템(http://www.nl.go.kr/kolisnet)에서 이용하실 수 있습니다.
(CIP제어번호: CIP2018019150)

만·화·로 재·미·있·게 배·우·는 삶·과 죽·음

웰다잉이
뭐예요?

글 건양대학교 웰다잉 융합연구회 / 그림 뜬금

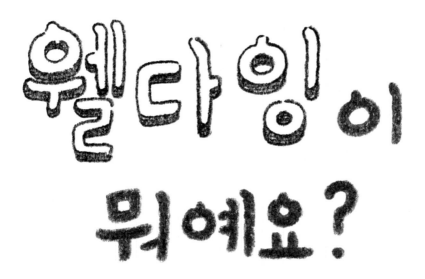

북랩 book Lab

이 저서는 2017년 대한민국 교육부와 한국연구재단의 지원을 받아
수행된 연구임 (NRF-2017S1A5B6066807)

어린 아이들은 궁금한 것이 많습니다. 온갖 종류의 질문을 합니다.
어린 아이들이 죽음에 대해 부모님이나 선생님에게 질문을 합니다.
그럴 때면 어떻게 대답을 하시나요?
대답을 대충 얼버무리거나 회피하신 적은 없었나요?

사실 어른들이라고 해서 죽음에 대해 잘 아는 것은 아닙니다.
우리는 죽음에 대해 배운 적이 없기 때문이지요.
우리 사회는 죽음이 무엇인지 모르기 때문에 죽음을 회피하거나 두려워합니다.
죽음을 회피하는 것은 생명의 소중함에 대해 잊고 사는 것입니다.
그 결과 우리나라는 OECD국가 중 청소년 자살률 1위라는 부끄러운 기록을
가지게 되었습니다.
이제 우리 사회에 죽음 교육이 절실히 필요할 때입니다.
어릴 때부터 죽음을 정확하게 이해시키고 가르쳐야 합니다.
심리학자들은 어린이들에게도 죽음을 있는 그대로 알려야 한다고 말합니다.
어린이들은 어른들이 생각하는 것보다 죽음을 잘 이해하기 때문입니다.

웰다잉 교육은 삶과 죽음에 관한 교육입니다.
웰다잉 교육은 우리 아이들에게 생명을 소중히 여겨야 한다는 것을 알려줍
니다.
웰다잉 교육은 행복한 삶과 삶의 올바른 가치가 무엇인지 알려줍니다.
웰다잉 교육은 함께 서로 사랑하며 살아가야 하는 좋은 세상을 꿈꾸게 합니다.

건양대학교 웰다잉 융합연구회

등장인물

선생님

우진

서윤

우진 아빠

우진 누나

CONTENTS

1장

죽음이
무엇인가요?

죽음이 왜 있는 걸까?

웰다잉이 뭐예요?

밖에 나가 길을 가다가도
우리 '하나'와 닮은 말티즈를 보게 되면
우리 '하나'인 것 같은 착각이 들어….

엉엉엉

우진아! 너 왜 서윤이를 울리고 그러니!?

아녜요, 선생님!
우진이 때문에 우는 게 아녜요.
가족처럼 오래 같이 살던
저희 집 강아지 '하나'가 죽어서,
너무 슬퍼서 그러는 거예요.

그랬구나, 서윤아!
'하나'가 눈에 많이 밟히지?
사람이든 동물이든 생명은 정이 들기 때문에
헤어져도 그간의 정 때문에
쉽게 잊히지 않고 많이 생각나지.

선생님~ 죽음이 왜 있는 걸까요?

글쎄, 죽음이 왜 있는 걸까?
태어난 생명은 누구나 언젠가는
죽음을 맞이하게 되지. 그것이 자연 현상이야.
사람이 태어나서 자라서 어른이 되고
나이를 먹으며 늙고 병들고 죽음을
맞이하는 것은 막을 수 없는 것이지.

마치 씨앗이 자라나서 꽃을 피우고
열매를 맺고 겨울이 되면 시들고
잎이 다 떨어지는 것처럼
자연의 이치와 같은 것이지.

선생님, 그럼 우리도 다 죽게 되나요?

그럼~ 태어난 사람은 누구도
죽지 않은 사람은 없지.
죽음은 누구에게나 평등하게 찾아오는 거야.

평등성

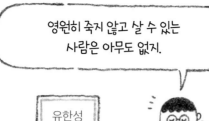

영원히 죽지 않고 살 수 있는
사람은 아무도 없지.

유한성

한 번 죽은 사람은
이전의 삶으로 되돌아 올 수 없고.

불가역성

죽음의 세계는 영원한 미지의 세계이며
알 수 없는 세계이지.

불가지성

죽은 후 다시 돌아 온 사람은 없으니까….
그래서 죽음은 사람들에게
슬픔과 아쉬움을 남기기도 하고,
남은 자는 떠나가는 사람에게
아무것도 해 줄 수 없기에 좌절감과
단절감을 느끼기도 하지.
더 살고 싶은 욕망을 갖게도 하고.

다시 돌아올 수 없는 죽음에 (불가역성) 대한 예화

성경에 나오는 이스라엘 왕 다윗의 이야기입니다.

다윗왕이 저지른 죄 때문에 하나님께 벌을 받아 왕의 어린 아들이 큰 병에 걸려 죽을 지경에 처했습니다. 다윗왕은 슬퍼하며 먹지도 않고 마시지도 않고 그냥 땅에 누워 있었습니다. 왕의 건강을 걱정하는 사람들이 왕을 땅에서 일으키려 애썼지만 다윗왕은 일어나지 않았습니다. 그러다 칠 일째 되던 날 그만 아이가 죽고 말았습니다. 그러나 막상 아들이 죽자 다윗왕은 자리에서 일어나 몸을 씻고 의복을 갖추어 입고 음식을 먹기 시작했습니다.

이를 지켜보던 종들이 왕에게 물었습니다.

"어쩐 일인지 모르겠습니다. 아기가 살아 있을 때에는 음식을 들지도 않으시고 슬퍼하시더니 아기가 죽으니까 자리에서 일어나 음식을 드시니 말입니다."

다윗왕이 대답했습니다.

"아기가 살아 있을 때에 내가 먹지도 않고 슬퍼한 것은 하나님께서 나를 불쌍히 여겨 아기를 살려주실지도 모른다고 생각했기 때문이다. 이제는 내가 음식을 먹지 않는다고 아기가 살아나는 것도 아니니 음식을 먹지 않을 이유가 없다. 언젠가 나도 아기에게 가겠지만 아기가 나에게로 다시 돌아올 수는 없는 일이다."

죽음의 불가역성이란 다윗왕의 말처럼 죽은 후에는 이전 삶의 영역으로 되돌아 올 수 없음을 의미합니다.

선생님, 그러면 언제부터
죽음이 찾아온 것일까요?

성경을 보면
하나님과의 약속을 어기고
아담과 하와가
선악과를 따먹은 이후부터
죽음이 왔다고 하지.

그리스 신화에서는
인간의 부주의와 호기심이
인간의 운명을 담고 있는
판도라의 상자를 열게 하여서
인간에게 죽음이 오게 되었다고 하기도 한단다.

웰다잉이 뭐예요?

판도라 상자

판도라(Pandora)는 그리스 신화에 나오는 최초의 여성으로, 판도라의 상자는 인류의 불행과 희망의 시작을 나타내는 상징입니다.

판도라는 지상으로 내려가기 전에 신과 여신들로부터 선물을 받게 됩니다. 그녀는 제우스에게서 판도라의 상자를 받았는데, 절대 그 상자를 열지 말라는 경고도 함께 받았습니다.

'판도라'라는 이름의 뜻은 '모든 선물을 받은 여인'으로, 신들이 그녀에게 선물을 준 데에서 유래했습니다. 그러나 판도라는 사실 프로메테우스를 비롯한 인간들이 불을 훔친 것에 대해 화가 난 제우스가 내린 또 다른 벌이었습니다(제우스는 이미 프로메테우스를 바위에 묶어두고 독수리로 하여금 그의 간을 쪼아먹도록 하는 벌을 내렸다).

후에 지상에 내려와 판도라는 프로메테우스의 아우인 에피메테우스와 결혼을 합니다. 하지만 결혼생활 도중 결국 호기심을 이겨내지 못한 판도라는 판도라의 상자를 열어버렸고 그 속에 있던 질병, 슬픔, 가난, 전쟁, 증오 등의 모든 악이 쏟아져 나왔습니다. 놀란 판도라는 상자를 닫았고 맨 밑에 있던 '희망'만이 상자에 남게 되었습니다. 그 이후로 인간들은 힘든 일을 많이 겪게 되었지만 희망만은 잃지 않게 되었답니다.

항아리에 남은 희망은 어떤 상황에서도 잃지 않는 희망이라는 긍정적인 의미로도 쓰이지만, 불행 속에서 이루어지지 않는 것을 원하는 헛된 희망이라는 뜻으로 해석되기도 합니다.

그런데 TV에서 보니까
어린이 말기 암환자들도 있던데요.
아직 어린데 왜 일찍 아프고
죽음이 찾아온 것일까요?

안타깝고 가슴 아픈 일이지.
죽음이 때로는 질병이나 교통사고와 같이
원하지 않을 때에 일찍 찾아올 수도 있고,
생각하지 못 하는 순간에 찾아올 수도 있단다.
얼마 전에는
바다에 낚시하러 나갔던 배가 전복되는 바람에
배에 타고 있던 사람들이
사고사를 당하는 일이 있기도 했지.

네, 저도 TV 뉴스 시간에 봤어요!

웰다잉이 뭐예요?

그래~ 그런 많은 사람들의 생명을 잃은 사고는
다시는 일어나면 안 되겠지….
그런데 사고는 예상하지 못 할 때
갑작스럽게 일어나기도 한단다.
특히 복잡한 요즘과 같은 시대에는
갑작스러운 교통사고나 재해, 재난으로 인한
사고사가 더 많아졌지.

맞아요.
갑자기 가족을 잃은 사람들은
얼마나 슬플까요….

맞아. 서윤아, 우진아. 너무나 안타깝지.
항상 생명의 안전이 우선시 되어야 하고
기본수칙을 잘 지켜야 한단다.
예를 들면, 운전할 때나 차를 탈 때는
안전띠를 꼭 매야 하고,
배를 탈 때는 구명조끼를 꼭 착용해야 하고,
자전거를 탈 때도 안전모를 착용하는 거 알지!?

네, 선생님. 맞아요!

그래. 항상 안전수칙을 지키는 것이 중요하단다.
그럼에도 불구하고 죽음에는
우리가 선택하거나 통제할 수 없는 경우가
있다는 것도 기억해야 해.
그런 일이 일어나면 안 되겠지만
그 누구도 생각하지 못 하는 때에
사고를 당하거나 죽음이 찾아올 수도 있단다.

웰다잉이 뭐예요?

만약 죽음이 없다면
저주일까 축복일까?

만약에 죽음이 없다면
이 지구상에 생물들은 어떻게 될까?
사람이나 생물이 계속 태어나기만 한다면?

지구가 포화상태가 되겠지요?
동물과 사람으로 꽉꽉 차면
답답하겠는걸요.
숨도 못 쉴지도 몰라요.

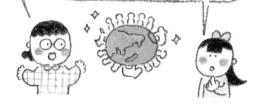

그래. 그래서 자연의 법칙을
정한 것이 아닐까?
죽음이라는 방법을 통해
사람이나 생물의 숫자가 적절하게
유지되도록 하는 거 말이다.

아, 그럴 듯한데요, 선생님.
우주의 운행법칙, 자연의 법칙
이런 거요!

그렇지. 그래서
생명의 탄생과 죽음은 우리가
마음대로 할 수 없는 거야.
그 법칙을 따를 수밖에 없지.

선생님! 그럼 죽지 않고 오래오래
살 수 있는 방법은 없는 건가요?

웰다잉이 뭐예요?

하하하하, 우진이는 죽지 않고
영원히 살고 싶은 마음이 있구나?
젊음을 유지하고 죽지 않고
건강하게 사는 것은
모든 인류의 바람이기도 한단다.
우진이와 같은 생각을 한 사람이
옛날 중국에도 있었어.

중국의 진시황제는 늙는 것과 죽는 것이 싫어서
불로장생을 꿈꾸며
3천 명의 어린 소녀·소년들을 시켜
온 나라를 다 뒤져서
먹으면 죽지 않는다는 신비한 약초
'불로초'를 구해오도록 하였지….
그러나 결국 불로초도 찾지 못 했고,
원하던 *불로장생에도 이르지 못 하고
50세에 죽음을 맞이하고 말았단다.

※ 불로장생(不老長生):
　　늙지 않고 오래 사는 것.

1장 죽음이 무엇인가요?

진시황제의 불로장생의 꿈

중국을 최초로 통일하는 과업을 이루며 만리장성을 쌓은 진시황제는 자신의 죽음에 대해 두려워하지 않을 수 없었다. 그는 어떻게든 죽음을 피하고 싶었다.

그래서 진시황은 서시(徐市)에게 어린 소년·소녀 3천 명과 많은 보물을 실은 배들을 거느리게 하여 신선이 산다는 동해의 섬에 가서 불로장생의 약초와 약을 구해오도록 하였다. 그러나 서시 일행은 끝내 영약을 구하지 못하고 일본 쪽으로 도망쳐 버렸다.

그 후 진시황은 스스로 신선이라 자칭하는 노생과 후생이라는 사람들을 불러들이고, 자신의 거처를 모르게 하였다.

이러한 필사적인 진시황의 노력에도 불구하고, 노생과 후생 역시 끝내 불로장생의 약을 찾지 못했다.

선생님! 정말 늙지도 않고
오래 살 수 있게 하는 약초가 있는 건가요?

하하하, 글쎄? 세상 어디엔가
있을 수도 있겠지.
우진이가 한 번 찾아볼래?
진시황제도 못 찾았다는 그 신비한 약초인
불로초를 우진이가 찾는다면
선생님도 한 뿌리 주려무나!
선생님도 우진이 덕분에
불로장생하면 좋겠구나. 하하하.

선생님, 그럼 불로초를 못 찾으면
죽을 수밖에 없는 건가요?

만약 사람이 영원히 늙지도 않고
병들지도 않고 죽지 않는다면 좋을까?

죽지 않고 영원히 산다면
하고 싶은 것도 다 하고 원하는 것도
다 이루어질 것 같은데요~

그래. 그럼 원하는 것 하고 싶은 것
다 하고 나면…. 그 다음에는 뭘 하지?
시간이 무한대로 영원히 지속된다면….
계속해서 무엇을 하고 싶다는 마음이 들게 될까?
사람의 생명에는 제한이 있기 때문에
오히려 하고 싶은 것이 있고
이루고 싶은 것이 있는 것은 아닐까?

긁적
긁적

웰다잉이 뭐예요?

사람들은 영원히 살 수 없기에
영원한 생명을 갈망하게 되었고,
종교를 만들고, 신을 찾게 되었단다.

기독교는 죽음이 끝이 아니고
죽은 후에는 하나님 나라에 들어가서
영원한 삶을 산다고 해.
불교도 죽음이 끝이 아니라
다른 생으로 계속 태어나는 것을 반복하는
'윤회'를 한다고 하지.
그 윤회에서 벗어나야 영혼이
극락에 이를 수 있다고 하지.

029

윤회(輪回)

수레바퀴가 돌아가는 것처럼 계속하여 죽음과 삶을 반복하는 것을 말한다. 일정한 깨달음, 경지 또는 구원받은 상태에 도달하지 못한 사람은 그 깨달음, 경지 또는 구원받은 상태에 도달할 때까지 계속하여 이 세상에 다시 태어난다는 교의 또는 믿음이다. 불교, 힌두교 등에서 믿는다.

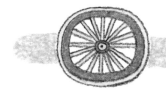

극락

불교에서 말하는 이상향을 의미하는데, 극락은 즐거움만 있는 곳이며, 이 즐거움은 깨달음으로 얻는 즐거움을 말한다. 극락에서 태어나는 사람은 몸과 마음에 괴로움이 없고 즐거움만이 있다. 기독교에서의 천국과 비슷한 의미를 가진다.

웰다잉이 뭐예요?

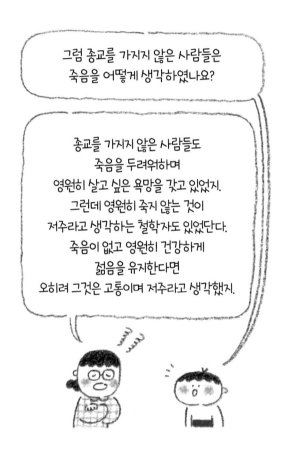

그럼 종교를 가지지 않은 사람들은
죽음을 어떻게 생각하였나요?

종교를 가지지 않은 사람들도
죽음을 두려워하며
영원히 살고 싶은 욕망을 갖고 있었지.
그런데 영원히 죽지 않는 것이
저주라고 생각하는 철학자도 있었단다.
죽음이 없고 영원히 건강하게
젊음을 유지한다면
오히려 그것은 고통이며 저주라고 생각했지.

031

웰다잉이 뭐예요?

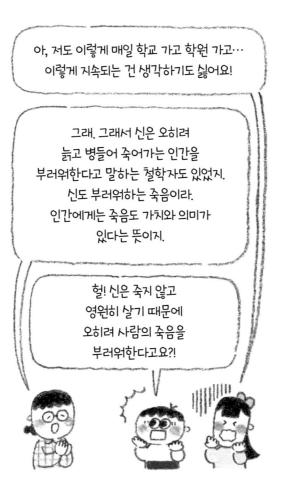

아, 저도 이렇게 매일 학교 가고 학원 가고…
이렇게 지속되는 건 생각하기도 싫어요!

그래. 그래서 신은 오히려
늙고 병들어 죽어가는 인간을
부러워한다고 말하는 철학자도 있었지.
신도 부러워하는 죽음이라.
인간에게는 죽음도 가치와 의미가
있다는 뜻이지.

헐! 신은 죽지 않고
영원히 살기 때문에
오히려 사람의 죽음을
부러워한다고요?!

죽음이 있기에 문명이 생기고 문화가 발달했다고?

죽음이 다 나쁜 것만은 아니란다.
인간은 굶어 죽지 않기 위해 농업을 시작했고,
얼어 죽지 않기 위해 집과 옷을 만들었고,
병들어 죽지 않기 위해 의술과 약을 만들었지.
즉, 죽음을 극복하고 살아남기 위해
문명과 문화를 발전시켜 온 것이라고 볼 수 있단다.

아하, 그렇구나.
필요는 발명을
낳는다!
살기 위해 인류가
기술과 문화를
발달시키게 된
것이군요.

죽음을
피하기 위해,
건강하게
살기 위해
의료기술이
발달하게 된
것이고!

하하하, 그래.
서윤이와 우진이가 이해를 잘 하네.
역시 선생님을 닮아서 훌륭한 제자들이야~!

히히히~

으쓱 으쓱

인류의 문화는 살고 싶은 욕망과
죽음에 대한 두려움에 대처하는
해결법이라고 할 수 있지.

그리고 사람이 죽으면 행해지는
장례문화나 제례, 장묘 등은
그 사회가 죽음을 어떻게 받아들이고 있는지
보여주는 예라고 볼 수 있단다.

아~ 그래서 나라마다
장례 모습이 다 다른 것이네요?

그렇지.

웰다잉이 뭐예요?

옛날 유물들을 보면
왕릉에서 나온 것이 많던데요?
지난번에 국립중앙박물관에 견학 갔을 때
왕릉에서 출토된 유물들을 많이 보았어요.

그래~ 옛날 임금들은 영원한 생명을 꿈꾸며
자신이 죽은 후에 쓰일 무덤을
자신이 살아 있을 때
미리 만들어 놓기도 하였고
부장품도 같이 넣었지.

우리나라의 옛날 유물들도
대부분 왕릉에서 출토된 것이고,

이집트의 피라미드도 영생을 기원하며
왕이 자신의 무덤을 만든 것이고,
즉위해 있는 동안에 수많은 부장품을 만들어서
무덤에 넣었지.

중국의 진시황도 살아있을 때부터
자신의 무덤을 만드는 데 공을 들였단다.

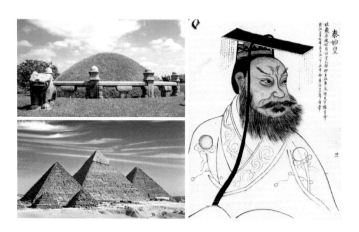

웰다잉이 뭐예요?

부장품

부장품은 죽은 자와 함께 매장하는 물품을 말한다. 죽음을 애도하거나 사후에 필요할 것이라고 여겨지는 물품을 매장하는 것으로, 이러한 문화 형태는 인간이 죽음을 단순한 현상이 아니라 특별한 의미가 있는 것이라고 여겼던 증거이다.

부장품의 종류는 다양하며, 다양한 물건이 매장되어 있다.

진시황의 무덤

진시황은 죽음을 그렇게 피하려 했으면서도 한편으로는 열세 살에 즉위할 때부터 자기가 죽어서 들어갈 묫자리를 파고 있었다.

시황릉(일명 여산릉)은 높이가 116m, 주위의 길이가 2.5m, 사방이 각각 600m에 달하는 엄청난 규모로 무려 70여만 명의 죄수가 동원되어 공사를 했다. 관은 동으로 주조하였으며 무덤 내부는 궁전과 누각 등의 모형과 각종 진귀한 보물들로 가득 채웠던 것이다. 그리고 수은으로 황하, 양자강 및 바다를 본 떠 만들고 수은을 계속 흐르게 하였으며 천장에는 진주로 아로새긴 해와 달과 별들이 반짝이게 하여 지상의 세계를 그대로 펼쳐보이도록 했다. 아울러 고래 기름으로 초를 만드는 등 조명시설도 해놓았다.

내부에는 활을 설치하여 도굴자가 침입했을 때는 즉시 자동 발사될 수 있게 만들었다. 또한 무덤 안에는 진시황을 모시는 시중과 신하 그리고 호위병과 군마 등 수만 개의 도용을 배치하였다.

웰다잉이 뭐예요?

맞아요!
지난번에 '이집트의 피라드미전'
전시회 보러 갔는데,
썩지 말라고 특수한 약을 바른 미라가
정교한 그림이 그려진 나무관에
누워있는 것을 보았어요.
그 그림들도 다 상징하는 것이 있었고,
의미가 있다고 했어요.

그래. 인류는 죽음을 뛰어 넘으려는 갈망으로
종교를 만들었고,
죽음을 극복하고자 하는 노력 때문에
문명이 태동된 거지.
우리에게 죽음이 없었다면
삶의 의미를 깨닫지 못 했을 것이고
문명도 없었겠지.

그럼 죽음이 꼭
나쁜 것만은 아니라는 거네요?

1장 죽음이 무엇인가요?

그렇지. 좋은 점도 있단다.
사람은 죽음이 있기 때문에 문명을 발전시켰고,
삶을 더욱 소중히 여기며
가치 있게 살기 위해 노력하게 된 거란다.

네, 선생님!

웰다잉이 뭐예요?

2장

죽음을
어떻게
볼 것인가

의학적 관점에서의 죽음

아빠~ 사람은 죽으면 어떻게 되는 건가요?

너는 어린애가 무슨 죽음에 대해서 묻니?

아니다! 우진이가 아직 어리지만 죽음에 대해서 배울 필요가 있지.

의학적 관점에서 보면,
죽음은 신체적인 죽음만을 말하기 때문에
모든 것이 정지되는 것이라 할 수 있지.
죽음을 판단하는 기준은
더 이상 심장이 뛰지 않고, 호흡이 없고,
빛으로 비추어 보았을 때
눈의 동공도 움직임이 없는 등
회복될 수 없는 상태를 말하는 것이지.
즉 '생물의 목숨이 끊어지는 것'이 죽음이란다.
또 의학적인 관점에서 보는 죽음은
임상적 죽음과 생물학적 죽음으로
구분하여 살펴볼 수 있지.

임상적 죽음

생물학적 죽음

임상적이 뭐예요?

임상이라는 것은 아빠처럼 병원에서 일하는
의사들이 환자를 진료하거나
의학을 연구하기 위해
병상의 환자들을 대하는 것을 말하지.

호흡과 심장박동이 정지되고
뇌의 활동이 중지된 상태(뇌사)를
죽음이라고 말하고 있지.
그리고 한 번 정지하면 되돌릴 수 없는
경우(비가역적 상태)를 말하는 거란다.
다시 살아나지 못 하는 경우를 말하지.
그래서 사망시간은 모든 세포활동이
완전히 멈춘 시간으로 하는 것이 아니라,
심폐기능이 정지된 시각으로부터
30분 동안 관찰하고,
심폐소생술을 실시해도 회복되지 않을 때,
그때로부터 30분의 시간을 소급하여
사망시간을 정한단다.

웰다잉이 뭐예요?

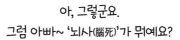

아, 그렇군요.
그럼 아빠~ '뇌사(腦死)'가 뭐예요?

뇌는 정지되었어도
심장은 아직 뛰고 있는 경우를 '뇌사'라고 하는데,
일반적으로 갑자기 사고를 당해서
뇌가 돌이킬 수 없는 손상을 입은 경우를 말해.
사람의 몸은
뇌가 기능을 멈추어도 며칠은 심장이 뛸 수 있고,
인공호흡기를 착용하면 숨도 쉴 수 있지.

2장 죽음을 어떻게 볼 것인가

대부분의 나라에서는 뇌사를
죽음으로 인정하지만
아직 우리나라에서는 죽음이라고
인정하고 있지 않다.
다만, 장기 기증을 하려는 경우에만
뇌사를 죽음으로 인정 받을 수 있다.
심장이식의 경우 뇌사를 인정하지 않으면
살아있는 사람에게서
심장을 떼어낸다는 문제가
발생하기 때문에
뇌사를 죽음으로 인정하는 것이다.
그러나 뇌사를 죽음으로
인정하느냐에 대해서는
아직 논란이 많다.

뇌사

"뇌가 죽었다"는 개념의 뇌사는 1800년대부터 정의되어 왔으나 뇌사 문제가 심각하게 제기된 것은 1967년 남아공화국의 크리스찬 버나드(Christian Neething Barnard)가 세계 최초로 심장이식 수술에 성공하고 나서부터이다. 그러나 아직까지도 뇌사설에 대해서는 찬성과 반대 의견이 팽팽하게 맞서고 있다.

웰다잉이 뭐예요?

아빠~ 그럼 생물학적 죽음은 뭐예요?

임상적 죽음 판단 후 *심폐소생술을 해도
효과가 없을 때 나타나는
신체적 증상을 말하는데
뇌의 신경과 모든 신체 조직이
시간이 경과하면서 부패되고
세포 전체가 정지되는 현상을 말해.
임상적 판단은 모든 세포가
정지되는 것을 의미하는 것은 아니거든.
인체의 모든 장기나 기관은
*괴사(부패)하는 시간이 각각 다르단다.

※ **심폐소생술**: 심장이 정지되어 방치하면 죽게 되는 상태에 있을 때 실시
하는 적절한 회생 조치. 일반적으로 심장정지, 호흡정지 상황에서 사용되
는 조치를 말한다.

※ **괴사**: 신체 조직이나 세포가 부분적으로 죽어서 썩음.

2장 죽음을 어떻게 볼 것인가

아, 심장이 정지되었다고 해도
인체의 세포기관이 동시에 정지되는 것이
아니라는 거네요?

그렇지. 인체의 기관이
괴사하는 시간이 조금씩 다르단다.
사람의 신체는
순환기가 돌지 않는 상태가 지속되면
약 1시간 뒤에 심장, 신장, 폐가
괴사하기 시작하고,
2시간 뒤에는 간이 괴사하기 시작한다.
피부는 몇 시간 혹은 며칠이 지나면
괴사가 시작된다.
뇌나 심장이 멈추고 나서도
머리카락이나 손톱은
일정 기간 성장하기도 하지….
우진아, 그런데 왜 그렇게
얼굴을 찡그리는 거야?

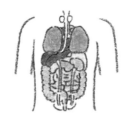

사람이 죽어서 몸이 썩는다고 생각하니
끔찍한 생각이 들어서요.
그런데 사람이 죽으면
동시에 모든 것이 정지하는 것이
아니라는 게 신기해요~

그래, 우리 몸은 물질이니까
피가 순환이 되지 않으면 썩는 거야.
그리고 세포가 활동을 완전히 멈추는 것은
차례차례
순차적으로 이루어진단다.

아빠! '안락사'는 뭐예요?

안락사는 회복될 수 없거나
불치병으로 고통받고 있는 환자를
고통에서 벗어나게 하기 위하여
의사가 환자의 죽음을 유발시키는
어떤 행위를 하는 걸 말한단다.

환자의 요구에 의해서 하는 것이고,
환자 가족의 요구나 이익이 아니라
환자의 이익이 있어야 한다.
즉 환자를 위해서 한다는 말이다.
자신의 신체를 통제할 능력을
완전히 상실했을 때
안락사의 문제가 거론되는데
안락사를 허용하는 나라도 있지만
우리나라와 같이 아직
안락사를 인정하지 않은 나라도 있다.
현재 우리나라는
계속 논의가 진행 중이다.

웰다잉이 뭐예요?

사회적 관점에서의 죽음

너희들 "인간은 사회적 동물"이라는 말 들어봤니?

네, 들어봤어요~

무슨 말인지 아니?

혼자서는 살 수 없다는 것이지요?

그렇지. 인간은 혼자서는 살 수 없지.
혼자서는 태어날 수도 없고….
사람은 사람과의 관계를 통해서
살 수 밖에 없는 존재라는 뜻이란다.
'나'라는 존재는 태어날 때
혼자 태어난 것이기도 하지만 아빠와 엄마의
사랑으로 인해 이 세상에 태어났고,
부모님의 보살핌으로 자라나고
또 다른 사람들과 관계를 맺으며
살아가는 사회적 존재라는 것이란다.

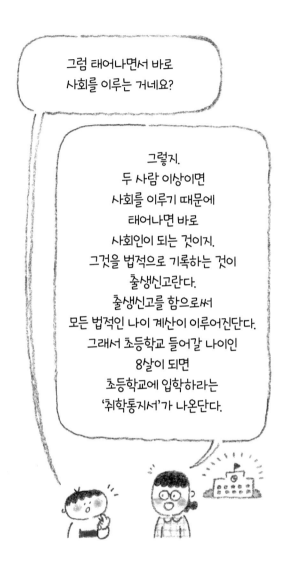

그럼 태어나면서 바로
사회를 이루는 거네요?

그렇지.
두 사람 이상이면
사회를 이루기 때문에
태어나면 바로
사회인이 되는 것이지.
그것을 법적으로 기록하는 것이
출생신고란다.
출생신고를 함으로써
모든 법적인 나이 계산이 이루어진단다.
그래서 초등학교 들어갈 나이인
8살이 되면
초등학교에 입학하라는
'취학통지서'가 나온단다.

선생님, 그럼 출생신고를 안 하게 되면
취학통지서도 안 나오는 건가요?

그렇지.
분명히 한 생명으로
이 세상에 태어났어도
출생신고를 안 했다면
법적으로는 이 세상에
존재하지 않는 사람인 것이지.
그러니까 학교에 보내서
교육시키라는 취학통지서도
나오지 않는 것이지.
우진이나 서윤이도 태어난 후
부모님이 출생신고를 하셨으니까
지금 이렇게 학교도 다니고 있는 거란다.

저는 사람이 태어나면 국가에서
다 알아서 호적에 기록하는 줄 알았는데
부모님이 출생신고를 한 것이군요!

아하, 그것이 자동으로 되는 줄 알았다고?
하하하하, 미래에는 우진이 말대로
병원에서 아기가 태어나면
자동으로 호적에 등록이 되는 날이
올 수도 있겠구나.

맞아요, 선생님!

그래, 사람의 사회적 관계들이
법적으로 출생신고를 통해서 시작되었다면
사람의 사회적 관계들은 사망신고를 해야만
끝이 나는 것이란다.

그럼 사람이 사망했어도
법적으로 사망신고를 하지 않으면
살아있는 거네요…?

그렇지.

사망신고를 하지 않고
계속 살아있는 사람으로 취급되면
무슨 문제가 있는 건가요?

좋은 질문이다. 문제가 있지.
사람이 태어나서
출생신고를 해야만
법적으로 부모님의 자녀가 되고,
그 사회의 한 사람으로서
책임과 의무가 주어지는 것인데,

만약 그 사람이 사망했는데도
사망신고를 하지 않는다면
살아있는 사람처럼 똑같이
사회적 책임과 의무도 주어지겠지.
그럼 그것이 가능한 일이겠니?

웰다잉이 뭐예요?

아, 그런 문제들이
있군요!
그래서 반드시
출생신고를 하듯이
사망신고를
하는 거네요.

그럼
사망신고는
어떻게 하는
거예요?

사망신고는 반드시 의사로부터
사망진단서(더 이상 회복될 수 없고 사망했다고 하는
확인 문서)를 받아서,
살고 있는 거주지의 주민센터에 가서
사망신고서를 작성하고 제출해야
이루어진단다.

웰다잉이 뭐예요?

종교적 관점에서의 죽음

※ 종교에서 말하는 죽음은 각 종교의 교리와 내세관에 따라 다르게 나타난다.

얘들아~
인간은 죽음의 공포를 극복하고 불멸을 꿈꾸며
종교를 만들었다고 했지?
대부분의 종교들은 죽으면 끝이 아니고
다른 세상이 있다고 얘기하고 있는데
종교에 따라서 조금씩 다르단다.

어떻게 다른가요?

대부분의 종교에서는 죽음 이후의 세계가 있다고
말하고 있지.
인간을 육체만의 존재로 보지 않고,
인간의 본질을 영혼의 존재라고 보는 것이지.
즉 인간의 육체는
죽음으로써 자연으로 돌아가고,
영혼은 영혼들이 가는 다른 세계가
있다고 보는 것이지.
그것을 내세라고 한단다.

죽음 이후에 가는
다른 세상이요?

웰다잉이 뭐예요?

그렇지~
먼저, 불교에서는 인간이 사는 세상을
고해(苦海)라고 했지.
살아가는 동안
고통이 파도처럼 끊임없이 온다는 거야.
즉 '삶은 고통의 바다'라는 뜻이야.
그러나 그 고통도 지난 생의 업보(원인과 결과)로
온 것이라는 '윤회설'을 바탕으로 하고 있는데
원인이 없는 결과가 없듯이
모든 것은 원인이 있고,
선과 악을 행한 대로
각각의 결과가 뒤따른다는 뜻이지.

불교의 생사는 무수한 삶과 죽음이
되풀이되는 윤회이며,
삶과 죽음은 인과응보에 따라
삼계육도(六道)를 돌고 돌게 된단다.

삼계육도(三界六道)

삼계육도라 함은 삼계(욕계, 색계, 무색계)와 육도(지옥도, 아귀도, 축생도, 수라도, 인간도, 천상도)로 이 세계를 설명하는 틀이다. 이 세상은 세 가지 차원으로 나뉘어져 있고, 이 중 우리가 있는 계는 바로 욕계이며, 이 욕계 안에 6가지의 해탈의 길(六道)이 있는 것이다. 우리가 보고 느끼는 모든 것이 욕계다. 이 삼계육도는 번뇌로 가득한 곳인데, 이 세계의 이치를 깨우치면 윤회의 굴레에서 벗어나 번뇌가 없는 진정한 평안을 얻는 다른 차원(도피안)으로 갈 수 있다. 이를 해탈이라고 한다. 이 지고지순한 경지을 얻지 못한 자는 죽어서 심판에 따라 삼계육도의 한 곳에서 태어나게 된다.

- **지옥도(地獄道)**는 귀도, 축생도, 수라도로 가는 인간들보다 더욱 심각한 수준의 악인들이 태어나는 곳이며 생전의 악업에 따라 108지옥에서 고통받는다.
- **아귀도(餓鬼道)**는 욕심이 많던 자가 태어나는 곳으로, 목은 바늘구멍인데 배는 태산만 해서 음식을 먹을 수 없어 평생 목마름과 배고픔에 시달린다. 아귀도에 태어난 사람은 먹으려는 음식이 불로 변하여 늘 굶주리고, 항상 매를 맞는다고 한다. 이렇게 먹지도 못하면서 먹을 것을 가지고 서로 싸운다. 여기서 아귀다툼이라는 말이 생겼다.
- **축생도(畜生道)**는 동물로 다시 태어나는 것이다. 동물로 태어났기 때문에 어리석어 고통을 받을 확률이 높다.
- **수라도(修羅道)**는 오로지 투쟁만이 존재하는 곳으로, 그야말로 무법천지. 이곳 사람들은 지혜가 있지만 싸우기를 좋아한다.

웰다잉이 뭐예요?

- **인간도(人間道)**는 우리가 사는 현세. 생로병사에 시달리며 번뇌를 안고 살아간다. 그러나 다른 길보다 훨씬 많은 불법을 닦아 해탈을 할 수 있는 가능성이 가장 큰 곳이기도 하다.

- **천상도(天上道)**는 마치 극락처럼 번뇌가 적고 평온한 세계이다. 이 세계에 태어나는 사람은 육욕, 물욕은 없으나 명예욕이나 지식욕 등이 살아있는 경우가 있어, 아직 모든 집착에 초연하여 해탈의 경지에 들어선 것은 아니기에 언젠가 수명이 다하면 다시 윤회하게 된다.

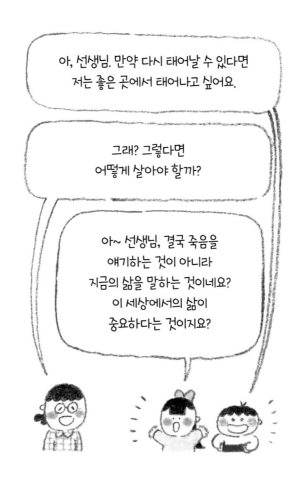

아, 선생님. 만약 다시 태어날 수 있다면
저는 좋은 곳에서 태어나고 싶어요.

그래? 그렇다면
어떻게 살아야 할까?

아~ 선생님, 결국 죽음을
얘기하는 것이 아니라
지금의 삶을 말하는 것이네요?
이 세상에서의 삶이
중요하다는 것이지요?

웰다잉이 뭐예요?

딩동댕~ 서윤이가 잘 맞췄네!
죽음을 말하는 것은 곧 삶을 말하는 것이란다.
불교에서 말하는 내세,
즉 다음 세상이 있다는 것은
이 세상에서 어떻게 살아야 하는지
말하고 있단다.

이 세상에서 어떻게 사느냐에 따라서
다음 생이 달라진다고 하기 때문이지.
씨앗을 뿌리는 것과 비슷하단다.
씨앗을 뿌려야 뿌린대로, 심은대로
거두는 법이니까.

아~ 콩 심은 데 콩 나고,
팥 심은 밭에서 팥이 난다는 말이네요!

그래, 그런 마음으로 산다면
세상 사람들이 서로 도우면서
훨씬 더 따뜻한 마음으로 살지 않을까?
죽음과 삶은 따로 떨어져 있는 것이 아니라
동전의 양면과 같이 붙어 있어서
동시에 일어나고 있는 것이지.
살아간다는 것은 죽어간다는 말과도 같지.
이 세상에서 어떻게 사느냐가
중요하다는 말이기도 하단다.

그럼 이 세상에서 잘~ 살아야겠네요~!

웰다잉이 뭐예요?

자, 그럼 기독교에서는 죽음에 대해서
어떻게 말하고 있는 알아볼까?

네~ 교회에서는 사람이 죽으면
천국으로 갈 수도 있고
지옥으로 갈 수도 있다고
배운 것 같아요.
어릴 때 교회 주일학교에서
많이 들어본 것 같아요.

성경에서는 최초의 인간인 아담과 하와가
처음에는 하나님이 만들어 준
낙원에서 살았는데
뱀의 유혹으로 선악과를 따 먹은 후
타락하여 죄책감과 수치심을 알게 되었고,
죽음의 형벌을 받게 되었다고 한단다.
곧 죽음은 죄의 결과라는 거야.

맞아요. 그렇게 배운 것 같아요~

2장 죽음을 어떻게 볼 것인가

그런데 인간과 우주 만물을 창조하신 하나님이
인간을 사랑하셔서
그의 아들을 세상에 보내셨대.
그 아들이신 예수님은 인간의 죄를 없애주기 위해
십자가에 못 박혀 죽으셨고,
부활하여 다시 죽지 않고
하늘에 오르셨다고 한단다.
그래서 그 예수님을 믿으면
구원을 받고 천국에 간다고 하지.
결국 죽음은 하나님의 주권 아래 있고,
하나님의 나라에 들어가는 것이
소망이라고 말하고 있단다.

웰다잉이 뭐예요?

그래서 기독교에서는 장례식에서도
많이 슬퍼하거나 우는 대신에
꽃을 헌화하고 찬송을 부르지.
하나님이 계신 편안하고 좋은 곳으로
가셨다고 믿기 때문이고.

네, 기독교에서는 장례예배를 드려요.
교회에서 목사님과
많은 교우분들이 오셔서
위로를 해주시고 위로예배와
입관예배, 발인예배 등을 드려요.

2장 죽음을 어떻게 볼 것인가

기독교 장례예배

※ **위로예배**: 기독교에서는 교인이 돌아가시고 장례할 수 있는 장소가 만들어지면 목사님과 성도들이 방문하여 남겨진 유가족들을 위로하며 예배를 드린다. 위로예배의 순서는 기도와 말씀과 찬양 순으로 진행된다.

※ **입관예배**: 사망한 후 24시간이 지나면 시신을 깨끗하게 하고 수의를 입혀서 입관을 하게 되는데 기독교에서는 입관 전이나 입관 후에 목사님과 성도들이 함께 예배를 드린다.

※ **발인예배**: 보통 장례를 3일장으로 치르는 경우가 많은데 마지막 3일째 되는 날 매장이나 화장을 하기 위해서 시신과 가족들이 장례식장에서 장지나 추모시설로 이동을 하게 될 때 드리는 예배를 발인예배라고 한다.

선생님, 그런데 장례식이 뭐예요?

아! 우진이는 아직 장례식에 가보지 않았구나?
장례식(葬禮式)은 장사를 지내는
예식절차를 말하는데 죽은 자의
시신을 처리하는 절차와
종교나 관습에 따라 고인의 영혼을
잘 보내드리는 예식을 말한단다.
돌아가신 분을 추모하는 마음으로
장례식에 참석하고,
남겨진 유가족들을 위로하는 자리란다.

아! 그렇군요!

※ 보통 우리나라에서는 3일 동안 장례의식을 치르거나 특별한
경우 2일장이나 5일장을 치르는 경우가 많다.

시신을 처리하는 방법에는
매장과 화장이 있단다.
과거에는 대부분이 산에 가서
땅을 파고 땅 속에 시신을 묻는 매장식이었는데
점점 우리나라의 산들이
묘지들로 넘쳐나게 되었단다.

2장 죽음을 어떻게 볼 것인가

현대에 와서는 국토 이용의 효율성도 있고
도시화와 핵가족화로 인한
묘지관리의 어려움이 있다 보니까,
매장에 비해 관리가 수월하고
장례절차가 간결한
화장을 선호하고 있단다.

화장을 많이 하다 보니
화장하고 나서 그 유골분을 처리하는 방법도
많이 달라졌단다.
예전에는 납골당(봉안당)을
많이 이용하였는데
요즘은 자연으로 돌아가라는 의미로
자연친화적인 방법인 수목장, 잔디장,
풍장, 해양장 등 자연장을 하는
사람들이 많아지고 있단다.

웰다잉이 뭐예요?

장묘 방법

※ **화장**(火葬): 죽은 사람의 시체나 유골을 불에 태워서 장사 지내는 방법.

※ **납골당(봉안당)**: 시신을 화장한 후 유골분을 함에 넣어서 일정한 시설에 보관하는 것을 말한다. 실내시설과 실외에 담의 형태로 비비람을 느낄수 있도록 만들어 놓은 봉암담 도 있다.

※ **자연장**: 자연장(自然葬)이란 화장한 유골의 골분을 수목, 화초, 잔디 등의 밑이나 주변에 묻어 자연친화적인 방법 으로 장사하는 방법을 말한다.

※ **수목장**: 자연장의 형태로서 나무를 이용하는 것을 말하 는데, 나무 밑이나 나무 주변에 유골의 골분을 묻어 장사 하는 방법을 말한다.

※ **잔디장**: 자연장의 형태로서 화장한 후 유골분을 옥수수 전분으로된 함이나 한지함 등 시간이 지나면 썩는 함을 땅에 묻고 그 위에 잔디를 심어 잔디밭처럼 만드는 것을 말한다. 봉분은 만들지 않으며, 표지석을 잔디 바닥에 설치하기도 한다.

※ **화초장**: 연장의 형태로서 화장 후 유골분(함)을 땅에 묻고 그 위에 꽃을 심어서 정원으로 꾸미는 것을 말한다.

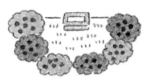

※ **풍장(風葬)**: 자연장의 형태로서 바람을 이용하는 것을 말한다.

1. 화장 후 유골분 가루를 바람에 날려서 자연으로 돌아가게 하는 장사 방법
2. 시체를 나무나 들에 두어 비바람에 자연히 없어지게 하는 장사법

우리나라에서는 현재 자연장의 형태로서 1번을 선호한다.

※ **해양장(바다장)**: 바다에 나가 유골분을 뿌리는 장사 방법을 말한다. 현재 우리나라에서는 육지에서 바로 닿아 있는 바닷가에서는 해양장을 할 수 없고, 해안선에서 5km 이상 떨어진 해역까지 배를 타고 나가서 행하도록 국토해양부에서 가이드라인을 정해 놓고 있다.

웰다잉이 뭐예요?

아~ 이렇게 장례 방법이 많네요~!

그렇지. 자연장은 사람도 자연의 일부이니 자연으로 돌아가라는 생각들이 표현된 장례 방법이지.
이렇게 자연장을 선호하면서 추모공원을 편리하고 아름답게 조성해 놓았고 묘지에 대한 일반인들의 인식이 달라지고 변화를 가져오고 있단다.

옛날에는 매장을 하는 문화였기 때문에 개인이 선택할 수 있는 방법이 없었지만, 이제는 자신이 선호하는 방법으로 장례를 치르고 각자의 종교에 따라 의식을 행하는 것이 다르지.

장례 방법도 선택할 수가 있네요?

하하하, 그럼~ 미국에서는
장례 우주선에 유골분을 캡슐에 담아
쏘아 보내는 우주 장례식도 있단다.

와! 그거 멋지네요~!!

그런데 큰 단점이 있지.

네?

아무나 할 수 없다는 거야.
왜냐하면?
비용이 많이 드니까.
하하하.

웰다잉이 뭐예요?

선생님은 어떤 장례식을 하고 싶으세요?

우리나라에서 처음으로
봉분 없이 나무 밑에 잠드신
김장수 할아버지처럼
'수목장'을 하고 싶구나.
이 분은 평생 나무를 연구하시고 가꾸셨고
돌아가시면서도
나무의 거름이 되고 싶었던 분이야.
사람의 육신은 자연에서 왔으니
자연으로 돌아가는 것이지….

나도 수목장을 해서
나무를 지탱하는 흙이 되어
나무에게 영양을 주고,
또 다른 나무를 자라게 하고
사람에게 필요한 산소를 만들어서
사람들에게
유익을 주고 싶구나….

2장 죽음을 어떻게 볼 것인가

아! '수목장'은 말 그대로
자연으로 돌아가는 것이네요.
그것도 괜찮은 장례식인 것 같아요!

그래. 그럼 유교에서는 죽음을
어떻게 생각할까? 유교에서는
인간은 '기(氣)'로 이루어졌는데
죽음으로 그 기가 흩어지는 것이라 했지.
즉 혼백이 분리된다고 보았단다.
혼은 하늘로 올라가고,
백은 땅으로 내려간다고 여겼지.

유교는 인간의 윤리와 도덕을 중요하게 여기는데,
부모님이나 조상님이 돌아가시면
제사를 드리는 것을 중요하게 생각한단다.
제사를 잘 드려야 돌아가신 분들의 혼이 잘 지내서
후손들을 편안하게 돌보신다고 생각했거든.
조상들의 혼이
어딘가에 살아있다고 믿는 것이지.

아~ 그래서 돌아가신 할아버지
제사 드릴 때 음식도 차려놓고,
절도 하는 거군요.

그래. 우진이가 할아버지 제사
지내는 것을 본 모양이로구나.

네. 저는 할아버지 얼굴을 보지는 못 했지만
그래도 제사 드릴 때는
살아계시는 분에게 하듯이
절도 하고 음식도 드리지요.

081

그래. 우진이가 비록
할아버지의 얼굴을 뵌 적은 없지만,
아버지를 낳아주신 할아버지를
생각하며 감사하는 마음을 갖고 있구나.
그래서 제사는 돌아가신 분을
기억하는 일이기도 하지만
자손들과 조상들을 이어주는 역할을
하는 것이기도 하지.

선생님, 그럼 제사는
언제 드리는 거예요?

제사는 돌아가신 날을 기억하여
그날에 장자(큰아들)의 집에 모여서 드린단다.
옛날에는 대략 밤 11시 30분에서
12시 사이에 제사를 드렸지만,
근래에는 도시화로 인해 형제들이
서로 멀리 떨어져 살기도 하고
바쁘게 살다보니 가족마다 시간을 조절하여
저녁에 지내기도 한단다.

웰다잉이 뭐예요?

그럼 제사는 돌아가신 날을 기억해서
한 번만 드리면 되는 건가요?

일 년에 한 번 돌아가신 날을 기억해서
드리는 제사는 기제사라고 한단다.
차례는 추석이나 음력 설날에
드리는 제사이고, 일년에 한 번씩
음력 10월에 5대 이상 조상의 일가친척이
모여서 지내는 시제(시향)가 있단다.

이와 같은 제사는 유교에서 시작된 것이고
서윤이네 가족처럼 기독교를 믿는 집안은
방법을 달리해서
추도예배라고 드린단다.

네. 우리 집은 큰아빠댁에 모여서
추도예배 드리는데요.
음식은 차려 놓지 않고요.
돌아가신 할머니 사진과 꽃바구니를
준비해서 상에 올려놓고
온 가족들이 둘러앉아서 예배를 드려요.
그리고 예배가 끝나면
할머니에 대한 추억을 서로 이야기하기도 해요.
그리고 잔칫집처럼
맛있는 음식들을 준비해서 함께 먹지요.

그렇구나.
우리 집하고는 다르구나~

할머니 추도 예배 드리는 날
큰아빠댁에 가면
오랜만에 나를 무척이나 예뻐해주시는
고모님들도 오시고, 사촌오빠들도 오고,
조카들도 볼 수 있어서 좋아!
할머니 덕분에 맛있는 것도 많이 먹고
오랜만에 집안 친척들을 만날 수 있어서 즐겁고!

웰다잉이 뭐예요?

그래. 제사는 돌아가신 분을 위한 것이지만
결국 남겨진 사람들, 가족들, 친척들을 위한
날이기도 하지.
요즘처럼 바쁜 시대에 친척들이 서로
얼굴 마주보고 편하게 만날 시간도 없는데
제삿날 모여서 이렇게 서로의 안부를 확인하고
자신의 뿌리를 확인하며
동질감을 통해 안정감을 얻고
서로 격려하는 시간이 되기도 하니
얼마나 좋으니~

네, 맞아요. 선생님, 제사라는 것은
돌아가신 분이 남겨준 좋은 유산과
같은 거라는 생각이 드는데요~

와! 서윤이가 멋진 말을 했네. 하하하.

전통과 관습을 잘 지키는 것도
중요하다는 말씀이지요?

2장 죽음을 어떻게 볼 것인가

그래, 우진아.
조상을 섬기는 유교적 전통이
우리나라에 많이 남아있지.
귀찮더라도 좋은 전통은
잘 계승해 나가는 것이 필요하고,
결국 자손들에게도 유익을 준다는 거야.
뿌리 없는 나무는 하나도 없고,
뿌리가 건강해야 나무도
잘 자라는 것과 같단다.

웰다잉이 뭐예요?

종교적 죽음의 차이를
알아보면서 장례식과 제사도 알아보았는데,
죽음에 대한
여러 가지 관점에 대해 알아보는 것이
어렵지 않니?
이해가 잘 되고 있는 거니?

생각했던 것보다 재미있어요.
우리 실생활에서 일어나는
일들이라는 것을 알게 되니
쉬워졌어요.

그래. 질문할 것은 없니?

문제는 무엇을 질문해야 하는지
잘 모르겠다는 것이지요. 히힛.

그래, 그럴 거야.
원래 어른들에게도
삶과 죽음 자체가 쉽지 않은 물음이거든.
그래도 서윤이와 우진이가
진지하게 잘 듣고 열심히 배우려고 하니까
선생님이 더 열심히 알려주고 싶어지네.
하하하하!

네, 히힛!

웰다잉이 뭐예요?

그래. 철학자들은 죽음을
어떻게 생각했는지 알아보자.
철학이란 정답이 없는 물음에 질문을 하며
각자에게 맞는 답을 찾아가는 거란다.
철학자들은 인간만이 유일하게
죽음을 인식하고 있는 생명체라고 생각했단다.

아, 그럼 동물들은 자신에게
죽음이 있다는 사실을
모른단 말인가요?

동물들에게 직접 들어보지 않아서
확실한 건 아니지만 말이다.
동물들이 죽음을 두려워하지 않는 걸 보며
그렇다고 생각한 거지.
인간이 다른 동물들과 다른 점은
자신의 죽음을 성찰할 수 있다는 거야.

089

실존주의 철학자 중에 하이데거라는 사람은
"죽음이라는 현상은 생물학적으로 볼 때
생명체로서의 끝을 의미하지만
그것 자체로 종말은 아니며,
오히려 다른 삶의 차원을 열어 줄 수 있다"고 했지.
그리고 "인간은 죽음에 대한 예감을 통해서
세계와 자기의 본 모습에 대해
자각을 하게 된다"고 했지.
즉 죽음을 인식할 때에 자기가 누구이며
삶의 의미가 무엇인지를
새롭게 보게 된다는 것이지.

나는
누구인가?

웰다잉이 뭐예요?

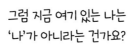

그럼 지금 여기 있는 나는
'나'가 아니라는 건가요?

하하하. 서윤아, 여기 있는 너도
서윤이 너 맞는데
너의 본질적인 의미를
생각해 볼 수 있다는 것이지.
죽음 앞에 선 인간은 영원히 살 수 없으니
이 유한한 삶 속에서
무엇을 하며 어떻게 살아야 할 지
생각하게 된다는 거야.

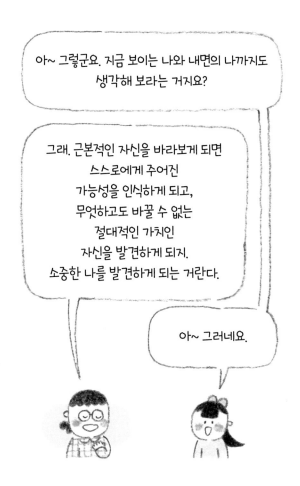

아~ 그렇군요. 지금 보이는 나와 내면의 나까지도 생각해 보라는 거지요?

그래. 근본적인 자신을 바라보게 되면 스스로에게 주어진 가능성을 인식하게 되고, 무엇하고도 바꿀 수 없는 절대적인 가치인 자신을 발견하게 되지. 소중한 나를 발견하게 되는 거란다.

아~ 그러네요.

웰다잉이 뭐예요?

맞아요. 내가 영원히 사는 존재가 아니라
언젠가 죽을 수 있다고 생각하면
부모님이나 가족들과도
더 잘 지내고 싶어질 것 같아요.
동생하고도 싸우지 않을 것 같고요.
부모님 속도 썩이지 않고요.
친구들에게도 더 친절하게
대할 것 같아요!

네. 저도 친구들과
더 사이좋게 지내고 싶어지고,
양보도 하며 친구들의 입장에서
이해하려고 할 것 같아요.
먹는 것도 나 혼자
더 먹으려고 욕심 부리지 말고
나누어 먹고. 큭.

와~ 우진이와 서윤이가
철학자들이 말하던대로 죽음을 인식하니
바로 오늘의 태도가 바뀌게 되는구나~
하하하하. 우진이 동생도
형의 달라진 모습에 깜짝 놀라겠는 걸?
사르트르라는 철학자도
"인생은 B와 D 사이의 C이다"라고 했지.

네? 왜 B와 D 사이의 C가
인생이라는 것이지요?

B는 탄생을 뜻하는 Birth의 약자이고,
D는 죽음을 뜻하는 Death의 첫글자인 거지.

그럼 왜 인생이 C인가요?
탄생과 죽음 사이에 사는 존재?
라는 뜻인가요?

웰다잉이 뭐예요?

그렇지. 인간은 탄생과 죽음 사이에 살면서
끊임없이 Choice
즉 선택하는 존재라는 것이지.

아~ 정말 말 되네요.
아침에 눈을 뜨고 일어나면
오늘 무슨 옷을 입을지 선택해야 하고,
밥을 먹으면서도 무엇을 먹을까
내가 먹고 싶은 반찬만
골라 먹기도 하지요.

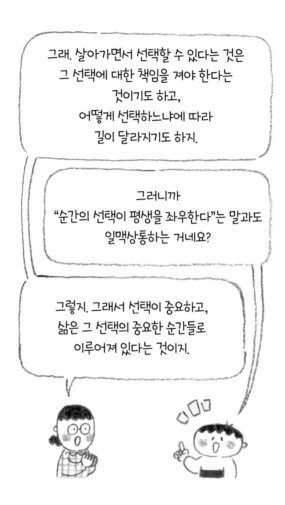

그래. 살아가면서 선택할 수 있다는 것은
그 선택에 대한 책임을 져야 한다는
것이기도 하고,
어떻게 선택하느냐에 따라
길이 달라지기도 하지.

그러니까
"순간의 선택이 평생을 좌우한다"는 말과도
일맥상통하는 거네요?

그렇지. 그래서 선택이 중요하고,
삶은 그 선택의 중요한 순간들로
이루어져 있다는 것이지.

웰다잉이 뭐예요?

선생님, 그럼 인생에서 중요하지 않은 순간은
하나도 없다는 거네요?
순간순간이 다 중요하다는 거잖아요?

딩동댕~
역시 똑똑한 내 제자들이야.
더 이상 가르칠 필요가 없다니까.
하나를 가르치면
열을 알아요. 하하하!

이제 하산하거라!
하하하하!

히힛!

"죽음이라는 현상은 생물학적으로 볼 때
생명체로서의 끝을 의미하지만
그것 자체로서 종말은 아니며,
오히려 하나의 다른 차원을 열어 줄 수 있다.
인간은 죽음에 대한 예감을 통해서
세계와 자기의 본 모습에 대해 자각하게 된다."

- 마르틴 하이데거 -

웰다잉이 뭐예요?

3장

삶을
가치 있게
만드는
죽음교육

죽음은 왜 두려운 것일까

얘들아, 그런데 왜 사람들은
이렇게 중요한 죽음에 대해서
얘기하는 것을 꺼려하는 걸까?

그거야 두려워서 그렇지요.

뭐가 두렵지? 죽음에 대해서 말하면
죽음이 와락~ 하고 달려들 것 같니?

네! 뭔지 모르지만
어둡고 무섭게 느껴져요.

100

그래. 맞아. 왠지 모르지만 대부분의 사람들은
죽음을 두려워하지.
원래 사람에게 가장 강한 본능은
살고자 하는 '생존본능'이란다.
그래서 죽음의 공포는
죽음에서 비롯된 것이 아니라
생존하려고 하는 마음가짐에서 발생하는 거고.

그 생존본능이 강해질수록
이기심과 애착심이 강해지고
죽음의 공포도 강해지는 거란다.

죽음을 앞둔 사람들은 어떤 것들이 두려울까?

가족들을 이젠 볼 수 없다는 것이 슬프고 두려울 것 같아요.

그래. 사랑하는 사람들과 영원한 이별을 한다는 생각에 슬프기도 하고 두렵기도 하겠지. 아무도 같이 갈 수 없고 혼자만 가야 하는 길이기도 하니까….

아, 도와줄 수 있는 사람이 아무도 없으니 외롭기도 하겠네요. 가족들은 그대로 있는데 만약 저만 혼자 떠나야 한다면 상상하기도 싫어요!

102

그래. 한 번도 가보지 않은 길을
혼자 걸어가야 한다고 생각하면
이해가 되겠지.

저는 죽으면 어떻게 될지 몰라서
불안하고 두려울 것 같아요.

맞아. 죽음은 아무도 경험해보지 못 한
미지의 세계로 가는 것이기에
두려울 수밖에 없지.

미지의 세계에서 자신이 완전히 소멸할지…
새롭게 존재할지…
아니면 희망 속에 놓이게 될지…
절망 속에 놓이게 될지…
확신이 없기 때문에 불안하겠지.

그럼 어떻게 해야 죽음에 대한
두려움을 없앨 수 있나요?

미지의 세계로…

웰다잉이 뭐예요?

죽음에 대한 두려움을 없애고 공포를 극복하려면
그 두려움을 직면해야 한단다.
평소에도 죽음에 대한 생각을
서로 나누는 것이 중요하지.

예를 들어 종교를 믿는다면
종교를 통한 죽음에 관한 이야기를
나누는 것도 좋고, 가까운 어른의
제사나 장례에 참석하여 죽음의 의미나
상실의 아픔 등을 서로 나누는 경험도
죽음을 이해하는데 도움이 되기 때문에
두려움을 많이 극복하게 되지.

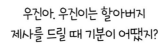

우진아. 우진이는 할아버지
제사를 드릴 때 기분이 어땠지?

네. 가족들이 모여서
할아버지를 생각하며
예전에 할아버지 살아계셨을 때
이야기도 하면서 할아버지와의
추억을 떠올리기도 해요.
그러면 저는 할아버지 얼굴을
뵌 적이 없지만 할아버지가 앞에
계신 것처럼 친근하게 느껴지고,
할아버지가 보고 싶어져요.

웰다잉이 뭐예요?

그래~ 돌아가신 분을 추억하는 것은
남겨진 사람들과 연결된다는 것이지.
돌아가셔서 이제 더 이상 직접
만날 수는 없지만 가슴 속에 그분에 대한
모습과 추억이 남아 있기 때문에
그분을 기억하는 것이지.

사랑이 많은 분이었다면
사랑이 많은 따뜻한 기억으로 남을 테고,
도움을 많이 주신 분이라면
고마운 분으로 기억될 테고,
열심히 일만 하시고 고생만 하시다
돌아가신 분이라면
아쉬움과 안타까움으로 기억되겠지.

책도 그렇지. 책을 쓴 저자가 죽더라도
그 책은 수많은 사람들에게 읽혀지면서
그 저자의 생각과 경험과 사상이
사람들에게 영향을 주지.
그렇다면 그 책을 쓴 저자는 그 책을 읽고
감동 받은 사람들의 마음 속에
살아서 영향을 주고 있는 것이지.
죽었으나 죽지 않은?

호랑이는 죽어서 가죽을 남기고,
사람은 죽어서 이름을 남긴다는데,
그 말과 같은 말인가요?

그 말은
조금 다른 말 아니니?

웰다잉이 뭐예요?

하하하. 꼭 같은 말은 아니지만
전혀 다른 말은 아니고,
의미 있는 말이기도 하지.

그것 봐, 맞았잖아~ 선생님,
결국 "살아있을 때 잘 살자!"
이 말씀을 하고 싶으신 거죠?

하하하하. 그래, 정답이다!
살아있을 때 기회가 있는 거란다.
무엇을 어떻게 하든
그대로 남기고 가게 되는 것이고.
살아있음이 얼마나 소중한지 알아야 해.
삶이 끝나고 나면
돌이킬 수도 없고, 회복시킬 수도 없지.

가족이나 친구들 사이에서도
서로 존중하고 배려하고 살아야 하고,
나보다 연약한 사람이 있을 때는 도와주어야 하고,
나와 의견이 다른 사람이 있을 때에도
이해하며 사랑하고 살아야 하는 것이지.
사람은 잘 할 수 있는 것도 다르고
성격도 서로 다르기 때문에
모두 필요한 존재들이란다. 혼자서는 살 수가 없지.

아, 선생님 말씀을 듣다보니
마음이 따뜻해지는 것 같아요.
가슴이 뭉클해지고… 죽음이 무섭게 느껴지지 않고…
부모님께도 계실 때
더 잘해야 되겠다는 생각이 들었어요.

그래. 그것이 평소 일상에서
할 수 있는 죽음교육이지.
사람은 모르는 것에 대해
막연한 두려움을 갖는단다.
너희들도 중요한 경시대회를 앞두고
시험 날짜가 점점 다가오면
긴장이 되고 두려움이 오지 않니?

네, 맞아요. 떨리고 답답하고
잠도 어떨 땐 잘 안 오고… 휴!
지구를 떠나고 싶다고 생각이 들 때도
있었어요.

그래. 그럴 때 시험에 대한 두려움을
어떻게 이겨냈지?
열심히 공부를 하면
그 두려움이 점점 없어지고
약간 긴장되지만
자신감이 들지 않니?

네, 맞아요. 시험을 위한 공부를
하면 할수록 자신감이 들어서
시험에 대한 두려움이 줄어들었어요.

그래. 바로 그거다.
그것이 정면 돌파라는 거야!
죽음에 대한 두려움도
마찬가지란다.
죽음에 대해 모르기 때문에
두려워하는 것이지.
자연스럽게 생활 속에서도
배우고 말할 수 있어야 하고.
학교에서도 배워야 하겠지.
쉬쉬하면서 모른 척하다가는
점점 더 두려워지는 것이지.

네, 선생님~ 이제부터는
부모님 따라서 할아버지, 할머니
산소에 성묘도 가고, 추석 때나 설날에
큰아버지댁에 가서
추도예배도 잘 드릴래요.

그래. 서윤아~
사람은 혼자 사는 것이 아니라
서로 어울러 살아가야 하지.
가족 안에서의 나, 친척들과의 나,
친구들과의 나…
너희들은 아직 어려서 잘 모르겠지만
어른들은 가까운 친척들이 돌아가시면
장례식에 가서 물질로 돕기도 하고(조의금)
함께 곁에 있어 주면서 슬픔을 위로하며
조문객들에게 음식을 대접하기도 하며
함께 돕는단다.

슬픔은 나누면 반이 되고,
기쁨은 함께 나누면 배가 된다는 말이 있대요.

그래. 우진이가 잘 이해했구나.
가족 중 누군가가 죽는다는 것은
아주 큰 슬픔이기 때문에
친척들이나 주위 사람들의 도움이
필요하단다. 슬픔을 당한 유가족들에게는
위로와 돌봄이 필요하고
장례식의 경우에도 경험 많은 집안어른들의
도움을 받아서 잘 치러야 하지.

장례식에 다녀올 때마다
헤어짐의 슬픔과 함께
앞만 보며 열심히 바쁘게 살아왔던
내 삶도 돌아보게 된단다.
나도 언젠가는 죽을 수 있다는것을
현실적으로 깨닫는 순간이지.

웰다잉이 뭐예요?

내 목적지까지 얼마나 더 가야 하나 가늠해보며
시간 조절을 하듯이 말이다.
우리들은 너무 바쁘게 살잖니…
그동안 살아왔던 생활을 돌아보게 되고,
주위 사람들을 소홀히 대했던 것에 대해서
반성도 하는 계기가 되기도 하지.

아~ 그래서 죽음을 통해서
삶을 배운다고 하는 것이군요.

그래, 서윤아. 서윤이가 아주 잘 이해해서
바로 생활에 적용하는 걸~~ 하하!
그리고 죽음에 대한 두려움은
우리가 막연하게 생각하는 두려움도 있지만,
병원에서 말기 환자들이 죽음을 앞두고
겪게 되는 절박한 두려움도 있단다.
어떤 과정을 거쳐서
죽음을 받아들이게 되는지 한 번 알아볼까.

115

죽음의 과정

웰다잉이 뭐예요?

그렇지. 절망과 슬픔을 느끼겠지.
임종을 앞둔 환자들이 어떻게 죽음을 받아들이는지
심리적으로 연구한 의사가 있단다.
미국의 정신과 의사 엘리자베스 퀴블러로스인데
수많은 환자들과 직접 대화하며
관찰을 하여 말기환자의 정신적 심리상태가
5단계로 반응하다고 하였지.

처음 자신의 죽음이 가까워졌다는 것을
알게 된 환자는
그 사실을 인정하지 않고 부인하게 되고,
분노하기도 하며, 더 살기를 원하여
신과 타협하고 싶어하기도 한단다.
그러나 뜻대로 다시 회복되지 않는다는 것을
알게 되면 말도 잃게 되고 우울해지지.
그러다가 결국 운명을 받아들인단다.

엘리자베스 퀴블러로로스의
죽음의 심리적 과정 5단계

부인과 고립- 분노 -거래 - 우울 - 수용

- **1단계 - 부인과 고립**: 불치병에 걸렸다는 것을 알게 된 순간 대부분의 사람들이 인정하지 않고 부인한다는 것이다. "아니야. 이건 사실이 아니야. 그럴 리가 없어."

- **2단계 - 분노**: "왜 하필 나야? 왜 나한테 이런 일이 생기는 거야!" 스스로에게 자문하기 시작한다. 가족이나 의사, 간호사에게 많은 어려움을 주는 단계다. 이럴 때는 간호하는 사람들이 같이 화를 내면 안 되고, 무조건 위로를 해 주어야 한다.

- **3단계 - 거래**: 환자가 하나님에게 자신의 생명을 연장시켜 달라고 요구하는 것으로, 건강이 회복되면 "새사람이 되겠다" "좋은 일 많이 하겠다" "교회를 위해 남은 생애를 헌신하겠다"는 등의 말로 조건을 붙여서 거래를 하는 것을 말한다. 아무 힘도 없고 의지할 곳도 없는 인간의 나약한 모습을 보여주는 것이기도 하다. 모든 환자에게 나타나는 단계는 아니며 짧은 순간에 나타났다가 사라지는 단계이다.

118

- **4단계 – 우울**: 위의 거래단계를 거치면서도 자신의 병이 악화되고 있는 것을 느끼고 죽음이 임박하게 되면 환자는 우울해진다. 어떤 격려나 방법도 의미를 잃게 된다. 이때는 환자와의 감정적 교류가 중요하다.

- **5단계 – 수용**: 환자는 이제 평온을 되찾고 죽음을 받아들인다. 만약, 수용의 단계에 이르지 못하고 임종을 맞이한다면 죽음을 피하려고 몸부림치다가 평안한 임종을 맞이하지 못하는 경우도 있다.

  수용의 단계에서는 가족들도 평온을 찾아야하는데 그렇지 못 한 경우가 많기에 도움과 지지가 필요하다. 가족들과 환자와 죽음을 함께 수용하며 마지막 '긴 여행을 떠나기 전 휴식'의 단계를 지혜롭게 보낼 수 있어야 한다.

죽음을 받아들이기까지
그렇게 힘든 시간들을 보내는군요….

이런 죽음을 받아들이는
심리적 단계를 알고 있으면,
내 자신의 죽음 뿐 아니라
가까운 가족들이 이런 상황을 만났을 때
보다 많이 이해해주고
바르게 대처해서
적절하게 도와줄 수 있겠지.

과거 우리나라가
대가족 생활을 하였을 때는
할머니, 할아버지, 고모, 큰아버지, 삼촌 등
서로 지지하며 도와줄 수 있는 가족들이
늘 옆에 있었고,
장례를 치러본 경험을 가진 어른들이
동네에도 많았기 때문에
지금처럼 갑자기 일을 당해도
당황하지 않아도 되었지.

120

요즘은 의학이 발달했기 때문에
병원에 가면 다 해결해주지 않나요?

병원의 경우 의학적 조치는 취해 주지만
환자의 심리적 어려움까지
이해하며 돌봐주지는 못 하고 있지.
의학 기술의 눈부신 발전과
과학이 많이 발달해왔지만
죽음을 막지는 못 하였단다.

오히려 고칠 수 없지만
연명하는 기술이 많이 발달해있어서
중환자실에서 혹은 병실에서
오랜 시간 동안 죽지도 못 하고
고생하며 사는 사람들도 많단다.
또 생을 마감하는 임종마저도
도와주는 사람도 없이
외롭게 임종을 맞이하는 경우도 많이 있지.

그건 너무 슬퍼요.

그래. 태어날 때 많은 사람들의
기다림과 축복 속에 태어났듯이,
임종을 맞이하여 이 세상을 떠나갈 때도
사랑하는 사람들의 축복과
사랑의 인사말 속에서 가야 하지 않을까….
그래서 요즘은
인간으로서의 존엄을 지키며
품위 있는 마무리를 하고 싶어하는
사람들이 많아지고 있단다.

※ **임종**: 1) 죽음을 맞이하는 것.
2) 부모님이 돌아가실 때 그 곁을 지키는 것도 임종이라
한다.

※ **부고(訃告)**: 사람의 죽음을 알림. 또는 사람의 죽음을 알리는
글을 부고라 한다.

웰다잉이 뭐예요?

웰빙과 웰다잉

얘들아, 너희들 '웰다잉'이라는 말 들어봤니?

'웰빙'이라는 말은 들어봤지만 '웰다잉'이라는 말은 못 들어봤는데요.

저도요. 웰빙음식이라는 말은 들어봤어요. 웰빙처럼 건강과 관련 있는 말 아닌가요?

웰빙(well-being)은
건강한 육체와 정신을 통한 행복한 삶을
추구하며 사는 삶과 문화를 말하는데,
잘 살려면 우선 몸이 건강해야 하잖아.
인스턴트 식품보다는 몸에 좋은
신선한 과일과 채소 등을 먹고,
스트레스도 되도록 적게 받으면서,
건강과 행복을 위해 자신에게 맞는
운동과 취미 활동 등을 하며
사는 것을 말하지.
유기농 식품들도 생겨나고
자연과 조화롭게 사는 삶을 사는
사람들도 늘어났지.

well-being

웰다잉이 뭐예요?

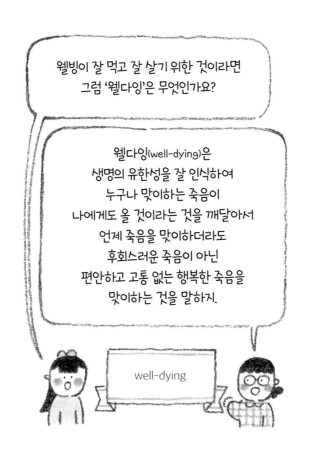

웰빙이 잘 먹고 잘 살기 위한 것이라면
그럼 '웰다잉'은 무엇인가요?

웰다잉(well-dying)은
생명의 유한성을 잘 인식하여
누구나 맞이하는 죽음이
나에게도 올 것이라는 것을 깨달아서
언제 죽음을 맞이하더라도
후회스러운 죽음이 아닌
편안하고 고통 없는 행복한 죽음을
맞이하는 것을 말하지.

well-dying

3장 삶을 가치 있게 만드는 죽음교육

살기도 바쁘고 할 일도 많은데…
죽음도 준비를 해야 되는 거예요?

따로 준비해야 할 것들도 있지만
생명에는 삶과 죽음이
동시에 존재하고 있단다.
그래서 삶에 대한 주제는
죽음에 관한 주제라고도 할 수 있지.
어떻게 살 것인가를 고민하는 것이
삶의 의미와 가치를 찾아가는 것이라면,
어떻게 죽을 것인가를
고민하며 사는 사람들은
삶과 죽음의 관계도
생각해보게 되는 것이지.
잘 살아야 잘 죽는 것이고,
살아온 모습대로 죽음을 맞이하는
것이기도 하니까.

126

아~ 웰다잉은 아주 중요하고
누구에게나 정말 필요한 거네요.

그렇지? 사람은 사는 것도 중요하지만
마무리를 잘 해야 하지.
그런데 삶을 엉망으로 산 사람이
죽음은 잘 맞이할 수 있을까?

글쎄요….

사람은 살아온 모습대로 죽어가기 때문에
결국 삶이 중요하다는 것이고.

선생님, 또 어떤 것들을
따로 준비해야 하는 건가요?

127

실제적인 준비와 정신적인 준비가 있겠지.
실제적인 준비라고 한다면
갑자기 죽음이 찾아올 수도 있기 때문에
어른들의 경우 유언장을 미리 작성해 놓으면
남아있는 가족들이 당황하는 일이 줄어들겠지.

유언장

재산의 상속 문제로 인한 가족 간의 갈등도
줄일 수가 있고.
그리고 자신의 몸을 어떻게 할지
'사전연명의료의향서'를 작성해 놓는다면
중환자실에서 복잡한 첨단 기계장치에
둘러싸여서 아무 말도 못 한 채
가족들과 인사도 못 하고 임종을
맞이하는 불행한 죽음을 피할 수 있겠지.

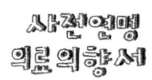

사전연명
의료의향서

유언의 종류

- **유언장(遺言狀)**: 생전에 작성하는 문서로 사후에 법적효력이 발생하며 상속인, 재산처분 등의 내용을 담고 있다. 민법에서 정한 유언을 남기는 방법은 총 5가지가 있으며 유언자가 유언전문과 작성일자, 주소, 성명을 자필로 작성하고 도장이나 지장을 찍는 자필증서에 의한 유언과 공증증서에 의한 유언, 비밀증서에 의한 유언, 구수증서에 의한 유언, 녹음유언이 있다. 그 외에 남아있는 가족들에게 전하고 싶은 말을 적는 유훈도 있다.

- **공증증서**: 공증이란 법률관계 또는 기타 권리 등의 사항을 공적으로 증명하는 것을 가리킨다. 유언의 법률적 효력을 위하여 법무사나 변호사 사무실 등에 가서 공적으로 증명을 받아서 작성하는 것을 말한다.

- **비밀증서**: 유언자가 성명을 기입한 증서를 엄봉, 날인하고 이를 2인 이상의 증인이 면전에 제출하여 자기의 유언서인 것을 표시한 후 그 봉서 표면에 제출년월일을 기재하고 유언자와 증인이 각자 서명 또는 기명날인하는 방식에 의한 유언을 비밀증서에 의한 유언이라 한다.

- **구수증서**: 유언자가 병환이나 갑작스러운 이유가 있을 경우 두 명 이상의 증인이 참석한 자리에서 문서를 작성한다. 유언자가 하는 말을 받아 적는 것으로 구수를 받는 자는 유언 내용을 소리 내어 읽으며 기록한다. 유언의 내용을 자세하게 기록하여야 하고 분명하게 작성하였음을 인정한다는 내용을 작성해야 한다. 유언자와 나머지 증인은 문서 작성 후 사실을 인정한다는 확인으로 서명 날인한다.

사전연명의료의향서를 작성해 놓지 않아도
부모님이나 가족들이
알아서 결정하면 되지 않나요?

그렇지. 대부분은 가족들이
결정하면 문제가 없지.
그러나 가끔은 가족들끼리도
의견이 일치되지 않아서
인공호흡기를 낄 것인가 말 것인가
결정하지 못 하다가 가족 간의
갈등이 커지기도 한단다.
그래서 작년에는 연명의료에 관한 법이
제정되기도 했지.

연명의료결정법

우리나라에서는 2009년도에 세브란스병원에서 식물인간 상태로 있었던 김할머니의 가족들과 병원간의 소송사건을 계기로 환자의 자기결정권에 대한 문제들이 제기되며 연명의료의향서에 대한 필요성을 인식하며 본격적으로 담론화하기 시작했다.

민간단체들의 주도로 사전연명의료의향서 쓰기운동이 활발하게 전개되었고, 많은 사람들이 자발적으로 참여하여 무의미한 연명의료를 받지 않고, 품위있게 인생의 마무리를 하겠다고 사전연명의료의향서를 작성하였다. 그후 많은 논의를 거친 끝에 2016년 2월 3일에 일명 <연명의료결정법>이 제정되었다.

「호스피스 완화의료 및 임종과정에 있는 환자와 연명의료결정에 관한 법률」인데, 이 법은 호스피스 완화의료 임종과정에 있는 환자의 연명의료와 연명의료중단 등을 결정하고 그 이행에 필요한 사항을 규정함으로써 환자의 최선의 이익을 보장하고 자기결정을 존중하여 인간으로서의 존엄과 가치를 보호하는 것을 목적으로 한다.

아! 법으로 만들 만큼 중요한 것이군요.

치료를 담당하는 의사는
환자의 정확한 의사를 알 수 없는 한
가능한 의학 조치를 하여
환자의 생명을 연장하는 의료행위를 하게 되지.
그렇게 하지 않으면 환자가
사망할 수도 있기 때문에
의료 윤리적으로 어쩔 수 없는 경우지.

그러나 환자가 명확하게
무의미한 연명을 하지 않겠다고 밝혀두면
의사도 법적, 윤리적으로 자유로워지고
환자가 원하는대로 결정할 수 있지.
생명의 존엄성과 자기결정권을 존중해주는
것이기에 중요하지.

그럼 우리도 써두어야 하나요?

웰다잉이 뭐예요?

하하하! 우진아, 너희들 19살 안 되었지?
아직 어린 너희들은 쓸 수가 없고,
자신의 의사표시가 법적으로 가능한 나이인
만 19살 이상 되어야 쓸 수가 있단다.

아~ 그렇군요.

너희들 중환자실에 문병 가본 적 있니?

네. 엄마가 그때 수술하시고
중환자실에 며칠
입원해 계신 적이 있어요.

그래, 그래서
그때 중환자실에 들어가 보았구나….
그때 중환자실에 가보니 어땠니?

의식이 없는 사람들도 많았고요…
인공호흡기를 끼고 있는 환자도 있고,
힘겹게 신음하는 환자도 있고,
소리 치는 환자도 있었어요…
아수라장 같고… 왠지 무섭고
다시는 가고 싶지 않은 곳이에요.

웰다잉이 뭐예요?

그래. 중환자실에는
사고를 당해서 수술을 했거나
질병을 고치기 위해 수술을 받은 환자들이
수술 후 정상으로 돌아오지 못 하고
격리 집중 치료를 받거나
위험한 상황인 경우가 많지….

그런데 임종을 앞둔 사람들도
중환자실에서 인공호흡기를 끼고 있거나,
각종 호스를 끼고 첨단 기계들에 둘러싸인 채
죽음을 맞이하는 경우가 많지….
어떤 사람은 중환자실에서
임종을 맞이하는 것에 대해서
'마치 시장바닥에서 누워
임종을 맞이하는 것과 같다'고
말하기도 하였단다.

3장 삶을 가치 있게 만드는 죽음교육

그리고 중환자실에서는
가족들이 환자를 보고 싶은 시간에
마음대로 볼 수도 없어요. 지난번에 우리 엄마도
할머니가 수술하시고 중환자실에 계실 때
면회 시간 맞추어서 병원에 가시던 걸요.

그래, 맞는 말이다.
중환자실에서 임종을 맞이한 환자들은
본인이 원할 때
사랑하는 가족들의 얼굴도 볼 수 없고,
가족들과 이별의 인사나
하고 싶은 말을 할 수도 없는 것이지….
마지막 가는 길이니
서로 인사도 나누고,
혹 기분 나빴던 감정들이 있다면
다 풀고 가야 하는데….

웰다잉이 뭐예요?

그래서 임종이 가까워진 환자는
호스피스 병동으로 옮겨서
가족들과 하고 싶은 말도 하게 하고,
살아온 삶의 정리를
잘 할 수 있도록 돕고,
사랑하는 사람들이 지켜보는 가운데
자연스럽게 행복한 죽음을
맞이하도록 도와야 하는 것이지.

우리나라의 경우 *호스피스법이
이제야(2016년 2월 제정) 만들어졌고,
호스피스 시설도 많이 부족해서
호스피스를 이용할 수 있는 사람도
말기암 환자나 몇 개의 병명의 환자로
제한되어 있지.
앞으로 더 많이 호스피스센터가
늘어나야 하는데 말이다.

※ 호스피스: 죽음을 앞둔 환자가 편안한 임종을 맞도록 신체적,
정서적, 사회적, 영적인 보살핌을 제공하는 것을 말한다.

3장 삶을 가치 있게 만드는 죽음교육

호스피스

임종이 임박한 환자들이 편안하고도 인간답게 죽음을 맞을 수 있도록 위안과 안락을 베푸는 봉사 활동 또는 그런 일을 하는 사람을 지칭한다.

즉, 호스피스란 죽음을 앞둔 말기 환자와 그의 가족을 사랑으로 돌보는 행위로 여생동안 인간으로서의 존엄성과 높은 삶의 질을 유지할 수 있도록 신체적, 정서적, 사회적, 영적인 돌봄을 통해 삶의 마지막 순간을 평안하게 맞이할 수 있도록 하며, 사별 후 가족이 갖는 고통과 슬픔을 잘 극복할 수 있도록 돕는 총체적인 돌봄(holistic care)을 뜻한다.

생명 연장이 아닌 육체적 고통을 줄여 주고 희망 속에서 가능한 한 편안한 삶을 살도록 하며 정신적으로 평안한 죽음을 맞이할 수 있도록 돌보는 데 목적을 두고 있다.

웰다잉이 뭐예요?

사전연명의료의향서(事前延命醫療意向書)

죽음에 임박한 상황에 대비하여 생명의 연장 및 특정치료여부에 대해서 본인의 의사를 미리 서면으로 표시해두는 문서를 말한다. 본인이 의사결정 능력이 있을 때 미리 작성해두면 훗날 가족들 간의 갈등을 줄일 수가 있고, 의료진도 환자를 치료하고 결정하는데 도움을 받을 수 있다. 임종 직전 혹은 의식을 상실한 상태에서는 본인의 의사결정을 내리기 어렵기 때문이다.

사전의료의향서의 목적은 인간의 존엄성을 유지하며 생의 마지막에 자신의 생각과 바람에 알맞은 의학적 조치와 정성된 간호를 받을 수 있도록 미리 준비하는데 있다. 그 내용은 회생가능성이 없고 치료를 했음에도 회복되지 않으며, 급속도로 증상이 악화되어 임종이 임박한 순간이 올 경우에 심폐소생술, 혈액투석, 항암제투여, 인공호흡기 등의 의학적 시술을 받지 않겠다는 의사표시이다. 치료효과 없이 임종과정 기간만 연장하는 치료이므로 하지 않겠다는 것이다.

통증완화를 위한 의료행위와 영양분공급, 물 공급, 산소의 단순공급 등 임종시까지 적절한 의료와 공급을 받는다.

선생님, 불행한 죽음을 피할 수 있다면
행복한 죽음도 있다는 것인가요?

행복한 죽음이라면
그동안의 삶도 잘 정리하고,
영적으로 준비되어서
죽음을 다른 세계라 믿고
오히려 소망하여 기쁜 마음으로
맞이하는 죽음이라고 할 수 있지.

그리고 한국인은 자다가 고통 없이 죽는
죽음과 노화에 의한 '자연사'를
가장 원하는 '좋은 죽음'으로 꼽았단다.
그런데 아무런 질병도 걸리지 않은 채
나이 들어 세상을 떠나는 순수한 자연사는
오늘날 인구 10만 명당
20% 정도에 불과하다고 한단다.

자연사
10만명 당 20%

웰다잉이 뭐예요?

3장 삶을 가치 있게 만드는 죽음교육

가장 나쁜 죽음은 자살이란다.
죽음이 해결 방법이라고 생각하고 행동했겠지만
죽음은 해결 방법이 될 수 없단다.

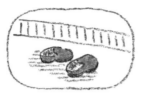

종교의 죽음관이나 내세를 통해서 배웠듯이
죽음은 끝이 아니고 영혼이 가는 세계가 있지.
이 세상에 우리가 사는 것도
그냥 사는 것이 아니라
각자 살아야 할 이유 혹은 목적(소명)이 있는 거야.
그것을 잘 해내야 다음 세상에
기약이 있는 것이지.
이렇게 스스로 생명을 포기하면
반드시 그 댓가도 따르게 된단다.

마라톤 선수가 경주에 임했을 때처럼
일등이 아니더라도
좋은 성적이 아니더라도
완주해야 할 가치가 있는 것이지.
그리고 자살로 인해서 문제가 해결되지 않는단다.
그건 우리가 장담할 수 없는 거야.
그리고 그를 사랑했던 가족이나 친구들은
죄책감과 우울증으로
정상적으로 생활하기 힘들단다.

자살은 문제 해결 방법이
아니라는 것이지요?

그래! 결코 그건 해결 방법이 될 수가 없단다.
삶은 그 자체로 소중한 것이란다.
지금 어떤 모습일지라도
삶은 그 어떤 것과도 바꿀 수 없는 것이란다.
지금 상황이 힘들고, 견디기 힘든 문제가 있더라도
잘 견디고 희망을 가지고 잘 참으면
반드시 상황이 변하는 날이 온단다.
죽으면 돌이킬 수 있는 기회를 못 갖지.
살아있으면 반드시 좋은 날이 온단다.

143

눈도 안 보이고 귀도 안 들렸던 헬렌켈러도
"세상은 고통으로 가득하지만,
한편 그것을 이겨내는 일로도 가득하다"고
말하였단다.
어떤 상황에서도 희망을 가지며
용기를 가지라는 말이지.

"인생은 한 권의 책과 같다.
어리석은 이는 그것을 마구 넘겨 버리지만,
현명한 이는 열심히 읽는다.
인생은 단 한 번만 읽을 수 있다는 것을 알기 때문이다."
- 상파울 -

웰다잉이 뭐예요?

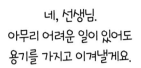

네, 선생님.
아무리 어려운 일이 있어도
용기를 가지고 이겨낼게요.

네, 저도 자살은 절대
해결책이 아니라는 것을 기억할게요.
생명의 소중함을 배웠어요.

그래. 우진아, 서윤아.
너희들이 우리나라의 희망이고 보배란다.
그러니 건강하게 잘 자라나야 한단다.
그리고 누구보다도 너희는
각자가 소중한 사람이라는 것을
명심해야 한다.
가장 중요한 것은 '생명'이란다.

예썰! 네, 선생님!

3장 삶을 가치 있게 만드는 죽음교육

삶의 가치와 죽음교육

선생님, 정신적인 준비란 무엇인가요?

인간은 영과 몸을 가진 존재이니
성숙한 인격을 가진 사람이 되기 위해서
노력을 해야 한다는 거야.
육체만을 가진 존재로만 본다면
보이는 것들만을 추구하면서 살아도 되지만,
눈에 보이는 외모나 환경이나
소유한 물질로만 사람을 평가하고
그것들을 기준으로 살다 보면
사람들은 허무함을 느끼에 되지.
그런 것들은 모두 변하게 되어 있으니까….

웰다잉이 뭐예요?

육체의 아름다움도 나이를 먹어가면서 변하고,
물질도 많이 가졌다고 계속
가지고 있는 것이 아니거든.
그런 것들은 삶의 목표가 될 수 없는 것이지.
아무리 겉모습이 멋지고 화려해도
속마음이 아름답지 않으면
그 사람은 아름답지 않은 것이지.
겉모습은 잠깐 사람들에게 즐거움을
줄 수 있을지 모르지만
내면에서 나오는 향기는 오래 가고
누구도 속일 수가 없는 것이거든….

3장 삶을 가치 있게 만드는 죽음교육

선생님, 좋은 죽음을 맞이할 수 있는
방법이 또 있을까요?

그래, 좋은 질문이다.
사람은 자신의 삶이 무의미하고
무가치하다고 여겨질 때
죽음에 대한 공포가 강해지고
삶에 대한 애착도 없어질 수 있단다.
이러한 것을 극복하기 위해서는
생존본능보다는 더 중요한
자신만의 가치를 찾거나
목표를 정하고 그것을 이룩하려고 노력하는
인생을 살아가야 하는 것이지.

가치
목표

아, 결국 죽음의 두려움은
진정 가치 있는 삶을 살 때
없어질 수 있다는 거네요?

그렇지.
진정한 삶, 의미 있는 삶을 살기 위해서
스스로 발견해야 하는 것이지.
"의미란 발견하는 것이며 인간에게는
이를 발견하고 성취할 자유가 있다"고
오스트리아의 정신과 의사인
빅터프랭클 박사도 말한 바 있지.
실존적 공허가 선한 의미로 채워질 때
인간은 비로소 삶의 충만함을 느낄 수가
있다는 거야.

선생님~ 어떻게 사느냐 하는 것은
본인의 의지와 자유가
중요하다는 말씀이시지요?

그렇지~ 꿈을 키우고
세상을 향해 하고 싶은 것들을
맘껏 펼치며 보람되게 살아가면
삶도 당연히 행복할 뿐만 아니라
그 어떤 것도 무섭지 않고
이겨낼 수 있을 거야.
나만 생각하는 옹졸한 생각에서 벗어나서
서로 사랑하고 배려하고 도우며
함께 살아가는
좋은 세상을 만들어 가라는 것이지.

인도에서 빈민들을 위해
평생 헌신하시다가 돌아가신 테레사 수녀님은
"삶이란 내가 이 땅에 올 때보다 조금이라도
더 나은 세상으로 만드는 것"이라고 했지.
우리 모두가 테레사 수녀님처럼
작은 것이라도 이 사회에 유익을 주고자 하는
마음으로 살아간다면
점점 더 좋은 세상이 되겠지.

내 삶의 의미를 발견하고,
어떤 일이 가치 있는 일인지
곰곰이 생각해보아야겠어요.

그래, 서윤아. 그렇다고 너무 깊게
생각하지는 마라. 그러다 '생각하는
로댕'이 되지는 말고~ 크큭.

야! 뭐라고?!

후다다닥_

"삶이란 내가 이 땅에 올 때보다
조금이라도 더 나은 세상으로 만드는 것이다"

- 테레사 수녀 -

"17세부터 난 매일 아침 거울을 보면서
'만약 오늘이 내 인생의 마지막 날이라면
내가 오늘 하려던 것을 할 것인가'라고 물었다.
아니라고 대답하는 날이 많아질수록
변화가 필요함을 깨달았다."

-스티브 잡스-

웰다잉이 뭐예요?

4장

어떻게
살아야 할까

행복에 대하여

선생님, 요즘 우리나라에는
성형외과도 많고 외모에 관심 있는 사람도
아주 많은 것 같아요.
외모도 중요하지요? 예쁘면 좋잖아요?
저도 외모에 관심이 많은데….

서윤아, 너 설마 벌써부터
성형수술 할 생각하는 건 아니지?

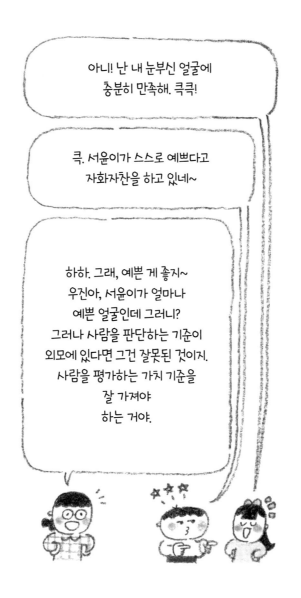

아니! 난 내 눈부신 얼굴에
충분히 만족해. 큭큭!

큭. 서윤이가 스스로 예쁘다고
자화자찬을 하고 있네~

하하. 그래, 예쁜 게 좋지~
우진아, 서윤이가 얼마나
예쁜 얼굴인데 그러니?
그러나 사람을 판단하는 기준이
외모에 있다면 그건 잘못된 것이지.
사람을 평가하는 가치 기준을
잘 가져야
하는 거야.

그럼 무엇이 가치 기준이 되나요?

그래, 좋은 질문이구나.
사람은 잘생겼느냐 못생겼느냐에 따라서
평가해서도 안 되고,
성적에 따라서 평가해서도 안 되고,
가지고 있는 돈이나 소유물이
얼마나 많고 적으냐에 따라
그 사람의 가치를 판단해서는
안 되는 것이지.

그렇지만 어른들은 그렇지 않은 것 같아요….
시험 성적 좋아야 선생님도 좋아하시고,
부모님도 공부 잘 하는 오빠를
더 좋아하시는 것 같아요.

그래. 선생님도 그런 적이 있지….
선생님도 반성해야겠구나….
외모지상주의, 성적제일주의,
물질만능주의에 우리는 속고 살고
있었구나…. 많은 사람들이 마치
영원히 죽지 않을 것처럼
욕망의 노예가 되어 살고 있단다.
우리 모두 죽을 것이며,
죽을 때 빈손으로 간다는 사실을
잊어버리고.

예쁘면 행복할까?
공부를 잘하면 더 바라는 게 없을까?
부자가 되면 과연 행복해지겠니?

네, 예쁜 사람은 행복할 것 같아요.
많은 사람들이 좋아해주니까요~

하하하. 그렇다면
예쁘지 않은 사람은 다 불행한가?

아, 그렇지는 않은 것 같아요….
예쁘지는 않아도 참 친절하고
잘 웃는 친구는 즐거워 보이고
친구들에게 인기도 많아요.

158

그래. 그럼 공부 잘 하면 행복하니?

공부 잘 하면 칭찬도 받아서
좋기도 하지만 그렇다고
다 행복한 건 아닌 거 같아요.

그래. 그럼 서윤이는 언제 행복하니?

엄마가 맛있는 음식을 해주셔서
먹을 때도 행복하고요.
아빠가 출장 다녀오시면서
제가 좋아하는 시계를
사다주실 때도 행복해요.
친구들과 어울려
떡볶이를 먹을 때도 행복해요.

4장 어떻게 살아야 할까

서윤이는 행복할 때가 많구나.
그럼 아무것도 안 하고 집에 있을 때는 어떠니?

숙제를 다 끝내고 거실에 앉아서
텔레비전 보는 것도 좋고요….
우리 하나 데리고 산책할 때도
행복했는데….
아, 우리 하나 생각 또 나네요….

그래. 행복은 한 가지가 아니라
여러 가지에서 느끼기도 하지.
서윤이는 혼자 보다는 가족들이나
친구들과 함께 어울릴 때,
혹은 음식을 같이 먹을 때
행복을 느끼는구나….
그럼 결국 행복은 뭐라고 생각하니?

좋은 거예요. 웃음이 나오는 거요.
마음이 즐거운 거요.

160

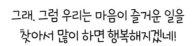
그래. 그럼 우리는 마음이 즐거운 일을
찾아서 많이 하면 행복해지겠네!

또 편안한 거요….
걱정이 없는 거요!

편안한 것이라?
편안한 것은 다 좋은 건가?
불편하면 행복하지 않나?

몸이 불편해도 마음이 즐거울 때가 있어요.
청소 같은 거 하기 싫지만
하고 나면 개운해지고 기분이 좋아져요.
목욕도 하기 귀찮지만 하고 나면
기분이 상쾌해져서 좋아지고요.
히힛!

161

그래. 그렇다면 부모님이나 친구들과 함께
음식을 먹거나 여행을 가거나
무엇을 할 때 더 행복해지니?

네, 음식도 혼자 먹을 때보다는
가족들이나 친구들과 함께 먹을 때
훨씬 맛있어요.
축구경기나 개그 프로도
가족들과 같이 볼 때
더 재미있어요.

그래, 맞아.
같이 웃고 같이 공감할 때
더 즐거운 것 같아요~!

그래. 행복은 수많은 조건들이 있지만
사람마다 다 다르고, 혼자 있어도
행복하지만 함께 더불어 있을 때
더 행복을 느끼기도 한단다.
무엇을 이루어서 행복하기도 하지만
아무것도 하지 않아도
행복을 느낄 때가 있지.

더운 여름날 무거운 짐을 지고 걸어가다가
커다란 느티나무 아래에 앉아서
불어오는 바람이
얼굴을 스치고 지나가는 것을 느끼며
잠깐의 평화로운
시간을 보내고 있어도 행복하지~
많이 아팠던 경험이 있는 사람은
아프지 않은 것만으로도 행복을 느끼기도 하지.

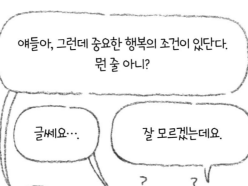

얘들아, 그런데 중요한 행복의 조건이 있단다.
뭔 줄 아니?

글쎄요….

잘 모르겠는데요.

행복의 출발점은 우리 모두 죽음을
피할 수 없는 존재라는 사실을 인정하고,
살아있음 자체를 감사하는 것이란다.
내가 사랑하는 사람들과 어울려 산다는 것만으로도
충분히 행복하다는 거야.
그러니까 어떤 상황에서든지 감사하면
행복해진단다. 좋은 조건에서도 만족하지 않고
불평하고 만족하지 못 하면
불행하다고 느끼게 되고,
어떤 열악한 환경에서도 '감사'하면
행복해지지.

164

미국에서 25년간 미국 최대 토크쇼를 이끈
오프라 윈프리는 세계 105개국 1억 6천만
시청자들에게 희망과 용기를 주는
세계에서 가장 영향력 있는 여자로 손꼽힌단다.
오프라 윈프리는 흑인으로
10대때 미혼모의 사생아로 태어나
많은 어려움을 겪었고 미혼모로 10대를 보내며
이루 말할 수 없는 어려운 삶을 살았지만
오늘날과 같이 성공하기까지
오프라를 일으킨 것은
자신에 대한 믿음과 감사할 줄 아는
마음이었다고 한다.

와~ 대단한 사람이네요.

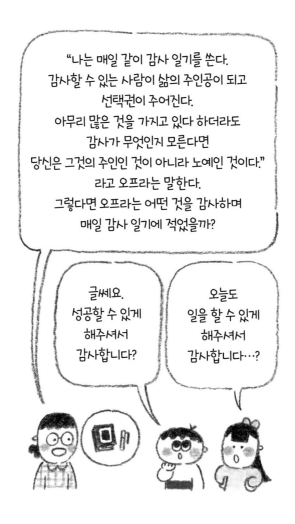

"나는 매일 같이 감사 일기를 쓴다.
감사할 수 있는 사람이 삶의 주인공이 되고
선택권이 주어진다.
아무리 많은 것을 가지고 있다 하더라도
감사가 무엇인지 모른다면
당신은 그것의 주인인 것이 아니라 노예인 것이다."
라고 오프라는 말한다.
그렇다면 오프라는 어떤 것을 감사하며
매일 감사 일기에 적었을까?

글쎄요.
성공할 수 있게
해주셔서
감사합니다?

오늘도
일을 할 수 있게
해주셔서
감사합니다…?

와우~ 아주 비슷하게 맞췄는 걸~
오프라는 아주 사소한 일상에 대해
매일 감사하며 감사 일기를 썼다고 하는구나.
"오늘도 거뜬하게 잠을 자고
자리에서 일어날 수 있어서 감사.
눈 부시고 파란 하늘을 볼 수 있어서 감사.
점심 때 맛있는 스파게티를 먹을 수 있어서 감사.
얄미운 짓을 한 동료에게 화 안 내고
참게 해주셔서 감사.
좋은 책 읽었는데 책을 쓴 작가에게 감사."

행복의 비밀은 '감사'였군요!
저도 늘 감사해야겠어요.
오프라 윈프리처럼 감사 일기를 써서
훌륭한 사람이 되고 싶어요.

그래. 우리 모두 감사하며
행복을 내 것으로 만들며 살자!
감사는 삶을 변화시키는 기적을 낳고,
행복한 삶을 만들지.

167

남아프리카공화국의 대통령이었던
넬슨 만델라는 27년이라는 긴 세월을
감옥에서 생활했지.
말이 27년이지 40대의 한창 일할 나이인
중년에 감옥에 들어가서(인권운동으로)
70세 노인이 되어서 감옥에서 풀려났으니
건강도 악화되었을 것이고,
분노와 원한으로 인격이 엉망이 되었을 것으로
짐작이 되었지.

그런데 출옥할 때
아주 건강하고 씩씩한 모습으로 걸어나와서
취재 기자들이 다 놀랐지.

168

어떻게 그렇게 건강할 수 있었습니까?

나는 감옥에서 하나님께 늘 감사했습니다.
하늘을 보고 감사하고, 땅을 보고 감사하고,
물을 마시며 감사하고, 음식을 먹으며 감사하고,
강제 노동을 할 때도 감사하고,
늘 감사했기 때문에
건강을 지킬 수 있었습니다.

와~ 그렇게 감옥에서
27년을 살 수 있었다니~!

그게 끝이 아니란다.
그후 넬슨 만델라는
노벨평화상도 수상했고,
남아공화국의
대통령이 되어서
국민과 전 세계인의
존경을 받았단다.
어때, 감사가 만든
기적의 이야기?

정말 감사로
기적을 이룬
분이네요!
세계가
존경할 만한
분이고요.

감사하면 어떠한 상황도 극복할 수 있고,
감옥과 같은 바닥에 있던 인생도
빛나고 멋진 인생으로 바꿀 수 있단다.

저도 늘 감사하며 살래요.
오늘부터 감사 일기 적어야겠어요.
선생님, 감사합니다!

히힛, 저도요.
선생님, 감사합니다!

세상에서 가장 현명한 사람은 배우려는 사람이고,
강한 사람은 자신을 이기는 사람이며,
행복한 사람은 범사에 감사할 줄 아는 사람이다.

- 탈무드 -

웰다잉이 뭐예요?

그래, 우진아~ 서윤아~ 그런데
너희 시험을 잘 못 봐도 감할 수 있겠어?

글쎄요…. 이왕이면 시험을
잘 보면 더 좋겠지요.

그래, 도전하고 노력하며 사는 것이 중요하지.
그런데 우진아, 부모님은
너희들이 공부를 잘 하든 못 하든,
부모님의 뜻대로 말을 잘 듣든 그렇지 않든
여전히 너희들을 사랑하신단다.
그리고 어떤 상황에서도
너희들은 너희들 자체로서
소중한 사람이라는 것을 잊지마.

171

이 세상에 수많은 사람들이 살고 있지만
필요한 사람, 필요하지 않은 사람이
따로 있는 것이 아니라
한 사람 한 사람 다 이 세상에 태어난
목적이 있고, 그 자체로 이미
의미가 있다는 것을 기억하기 바란다.

정말이요?

학교 생활은 기본교육으로서
성실하게 하면 되는 것이고,
즐겁게 그때에 맞는 것을
배우는 것이 중요하지.
친구들을 사귀면서
사회생활도 배우게 되는 것이고….

"행복은 성적순이 아니잖아요."
이 말씀 하시려는 거지요?

웰다잉이 뭐예요?

캬, 서윤이가 선생님이 할 말을
어떻게 알았지?

히힛

가장 중요한 것은 '너 자신'이라고
선생님은 생각한단다.
공부를 잘 하든 못 하든, 건강하든 건강하지 못 하든,
키가 크든 키가 작든, 예쁘게 생겼든 그렇지 못 하든,
사람은 누구도 똑같이 생긴 사람이 없이
다 다르게 생겼듯이 비교할 수 없는
'특별한 존재'라는 것이다.

집을 지을 때 기둥이나 나무, 전기배관,
상하수관, 시멘트 등 여러 재료가 있어야
집을 완성하듯이 각기 다 다르고
꼭 필요한 존재라는 말이다.

173

“모든 인간은 각자 세상의 누구와도 대체할 수 없는
유일한 존재이다.”

- 빅터 프랭클 -

웰다잉이 뭐예요?

네, 선생님.

그래, 서윤아.
학교에 친구들은 많니?

네, 학교에서 같은 반 친구들
대부분 같이 잘 지내요.

가끔 친구들과 싸우기도 하지?
친구들과 싸우고 나면 기분이 어떠니?

다음날 학교 가기가 싫어져요.
친구 얼굴 보기가 불편하니까요.

그럼 친구들과 사이좋게 잘 지내야
학교 생활도 즐겁고 행복해지겠네.

네, 사이좋게 지낼 때 훨씬 재미있어요.

175

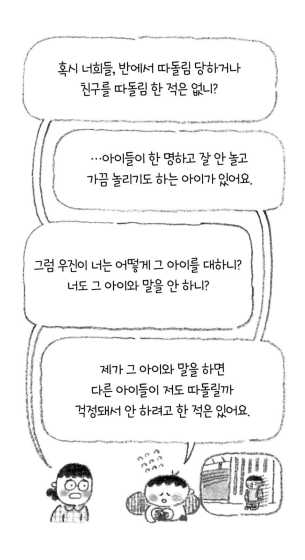

혹시 너희들, 반에서 따돌림 당하거나
친구를 따돌림 한 적은 없니?

…아이들이 한 명하고 잘 안 놀고
가끔 놀리기도 하는 아이가 있어요.

그럼 우진이 너는 어떻게 그 아이를 대하니?
너도 그 아이와 말을 안 하니?

제가 그 아이와 말을 하면
다른 아이들이 저도 따돌릴까
걱정돼서 안 하려고 한 적은 있어요.

웰다잉이 뭐예요?

그럼 그 친구가 학교에 오고 싶어할까?
학교 생활이 즐거울까?

아니겠지요.
학교 오기 싫을 테지요….

얘들아, 그 친구도 집에서는
너희들처럼 부모님의 소중한 아들이야.
그 친구가 힘들고 괴로운데
너희들만 즐거우면 될까?

아니요.

내가 소중한 사람이듯이
상대방을 소중하게 여겨야 하겠지.
친구의 모습이나 행동 중
마음에 들지 않는 부분이 있더라도
서로 다른 것은 자연스러운 것이야.
사람은 다 똑같지 않지.
그 다름을 인정하고 받아들여야 하는 거야.
세계인을 놓고 볼 때도 피부색이 다 다르기도 하고,
생긴 모습이나 외모가
아프리카나 유럽, 아시아인이 다 다르지 않니?

…떻게 살아야 할까

서로 다르다는 것은 당연한 것인데
이해하지 않고 싫어한다면
우리가 사는 지구별엔 평화가 없겠지?
특히 요즘은 글로벌 시대라서
우리나라에도 이주해 온 외국인이
많이 살고 있으니 서로 다름을
인정해주면서 돕고 살아야 해.

네, 선생님.

너희들 학교 생활이 차가운 겨울처럼
냉기가 도는 것이 좋으니,
따뜻한 봄처럼 밝은 것이 좋으니?

따뜻한 봄 같은 분위기가 좋지요.

웰다잉이 뭐예요?

그래. 추운 겨울에는 꽃이 피지 않는단다.
따뜻해야 꽃이 핀단다.
다른 사람을 도우면 내가 얼마나 마음이
따뜻해지는지 아니? 서로 돕고
서로 사이좋게 지내야 좋은 사회가 되는 것이지.

선생님, 우리 아빠 병원에서 양로원에
한 달에 한 번씩 봉사 가는데요. 청소도 하고,
할머니들 다리도 주물러 드리고 오면
기분이 참 좋아요.

그랬구나. 봉사는 남을 위해서 하는 것인데
이상하게도 봉사를 하면 내 기분이 더 좋아진단다.
부메랑을 던지면 자신에게로 다시 돌아오듯이
그렇게 유익이 되돌아오기도 하는 거란다.
오히려 봉사활동을 하고 오면
더 많은 것을 얻고 오지.
그래서 봉사 한 번 해 본 사람이
또 봉사를 하게 되고,
더욱 많이 베푸는 삶을 살게 되지.

맞아, 맞아요. 신기해요. 좋은 일을 하면
자꾸 또 하고 싶어지는 것이!

4장 어떻게 살아야 할까

『논어』에서는 세상을 살아가는
이상적인 사람으로 군자를 꼽고 있어.
군자는 자신을 사랑하고 남을 사랑한다고 해.

아! 공자가 썼다는 '사서삼경'
중에 하나인 그 책이요.

제법인데!

그래, 맞아. 군자는 생명의 욕구를 넘어서
사랑, 몰두, 숭고함 같은 내용으로
인생을 채우고 살면서
죽는 날까지 스스로 성장하고 배우려고 하며
자신의 일생은 물론, 자기가 사는 세상을
더 좋은 세상으로 만들어 가려고
애쓴다고 가르치고 있어.

선생님 말씀 들어보니
우진이도 군자가 될 싹수가
조금 보이네. 하하하!

뭐~?!

웰다잉이 뭐예요?

선생님, 저도 매달 봉사활동 가는
날이 기다려져요.

와~ 서윤이는 벌써
봉사의 기쁨을 알아버렸구나~!
그런데 서윤아, 서윤이는
부모님께는 어떤 봉사를 하고 있니?

네? 부모님께 봉사를 한다고요?

요즘 엄마 말씀 잘 듣지 않고
화를 잘 내거나 자기 맘대로 하는 아이들이
있다는데 서윤이 너는 안 그러지?

히힛. 사실 저도 가끔씩 늦잠 자서
학교에 늦어서 허둥댈 때나,
제 방 지저분하게 엉망으로 어질러 놓고도
스스로 정리 못 한다고 엄마께 꾸중을 들으면
엄마께 화를 내거나 문을 꽝 닫고
엄마가 제 방에 못 들어오게 한 적도 있어요….

그렇게 엄마께 화를 내고 나면
기분이 어땠어?

화가 나서 문을 꽝 닫고 학교에 와 버리고 나면
나중에 생각해보면
엄마께 미안한 생각이 들지요….
엄마께서 저를 위해 아침부터 일찍 일어나셔서
밥도 해주시고 가족들 챙겨주시느라
바쁘신 것을 알면서도 나도 모르게 그만….

그러면 나중에 집에 가서
엄마께 잘못했다고 말씀 드리니?

웰다잉이 뭐예요?

그럴 때도 있지만
그러지 않을 때도 있어요….

그래, 엄마께서 얼마나 서윤이를
사랑하시는지 알고 있지?
엄마께서 서윤이를 얼마나
소중히 여기시는지도 알고 있고?

그럼요, 잘 알고 있지요….

그래, 알고 있으면 다행이지.
그런데 알고 있는 것으로 그치지 말고
부모님께서 서윤이를 소중히 여기시고
사랑하시는 것처럼 서윤이도 부모님께
늘 감사하는 마음을 가지고 공손하게
대해야 한단다.

4장 어떻게 살아야 할까

가까운 사람일수록 내 감정대로
막 대하기 쉽지만
가까이 있는 사람이라고 해서
막 대하면 안 되는 것이지.
만약 부모님이나
너의 주변 사람들이 없다면 어떻겠니?

아, 만약에 부모님이나 가족이 없다면
저는 어떻게 살아요…? 살 수 없지요.

그렇지. 부모님이나 가족이 얼마나
소중한 사람인지 알겠지?
그러니까 부모님의 수고와 사랑을
너무 당연히 여기지 말고,
감사하는 마음을 가지고 살아야겠지?
감사한 마음을 표현하면 부모님도
더 좋아하실 거고 감사를 표현한
사람도 더 행복해진단다.

184

'죽음을 앞둔 환자들이 죽기 전에
가장 후회하는 구가지'에는
마음껏 사랑하지 못 한 것이 포함되어 있단다.
공부나 일, 성공을 위한 분주함 때문에
사랑을 제대로 표현하지 못 했던 경우가 많은 거지.

우리도 언젠가 한 번은 반드시
마지막 작별을 해야 하는데
그때가 언제인지는 아무도 알 수 없어.
그러니 사는 날 동안 후회 없도록
넘치도록 사랑하며 살아야겠지?

네, 그렇게 하도록 노력할게요.

웰다잉이 뭐예요?

윽. 쑥스러워요~ 새삼스럽게
그렇게까지 해야 하나요?

처음에는 쑥스러워도
한 번 그렇게 인사하고 나면
듣는 엄마도 기분이 좋아지고,
그렇게 인사를 한 너의 마음도 더 좋아질 거야.
한번 해 봐!
오늘 집에 가서 꼭 해야 한다~!

쑥스럽지만…
네, 일단 해 볼게요.

자, 약속하는 거다.
그럼 지금 따라서 연습해 봐.
"엄마, 아빠 사랑합니다! 고맙습니다!
엄마, 아빠 덕분입니다!"

"엄마, 아빠 사랑합니다!
고맙습니다.
엄마, 아빠 덕분입니다!"

187

웰다잉이 뭐예요?

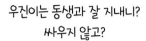

우진이는 동생과 잘 지내니?
싸우지 않고?

가끔 싸우기도 하고
동생을 혼내기도 해요….
지난번에 엄마께서 새로 사주신
제 야구모자를 저한테 말도 하지 않고
동생이 쓰고 나갔어요.
그래서 제가 나중에 알고는
동생을 혼내준 적이 있어요.

그래, 그랬구나…. 동생이 생각할 때
형의 모자가 멋있어 보였나 보구나….
나도 어릴 때 오빠의 물건이 다 멋있어 보여서
오빠가 없을 때 오빠의 야구공과 배트를
몰래 꺼내다가 놀기도 했단다.

189

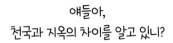

얘들아,
천국과 지옥의 차이를 알고 있니?

천국은 착한 사람들이
가는 곳이지요?

그래 비슷하지.
지옥에서는
밥을 먹고 싶어도
못 먹는 탓에 배고파서
아우성만 치고
있다는구나.
왜냐하면 2미터가 넘는
숟가락으로
밥을 먹어야 하는데,
자기 입에만 밥을
넣으려다보니
먹을 수가
없다는구나.

그런데 천국에서는
2미터가 넘는
숟가락으로도
밥을 잘 먹고
있더란다.
어떻게 먹었나
보았더니
그 긴 숟가락으로
서로 먹여주니까
잘 먹을 수가
있었다는 거야.

웰다잉이 뭐예요?

4장 어떻게 살아야 할까

그래서 성경에서도
"남에게 대접을 받고자 하는대로
서로 대접하라"는 말이 있지.
그것이 천국의 모습이거든.
선생님도 천국에서 살고 싶단다.
바로 우리가 사는 이곳을 천국으로
만들 수가 있는 거지.
우리가 이 세상을 떠날 때도
가져갈 수 있는 그것이 무엇인 줄 아니?
딱 한 가지 밖에 없단다.

네?
천국에 가져갈 수 있는 것이 있어요?

멀까요?

웰다잉이 뭐예요?

사랑한 마음과
사랑 받은 마음만 가져간단다.
그리고 조건 없이 베푼 마음과 손길만 남겨지고,
그 마음만 가져간단다.

아! 그럼 지금부터라도
많이 사랑하고 베풀고 나누어야겠네요.

그럼 이제부터 실천하면
서윤이와 우진이는 날마다
천국에서 살게 되겠네.
우리 모두 서로 도우며 사랑하며 살아서
매일 천국을 살도록 하자꾸나!

와우! 멋져요!

예썰!

193

꿈에 대하여

꿈을 끝까지 포기하지 않을 용기가 있다면
우리의 꿈들은 모두 이룰 수 있다.

- 월트 디즈니 -

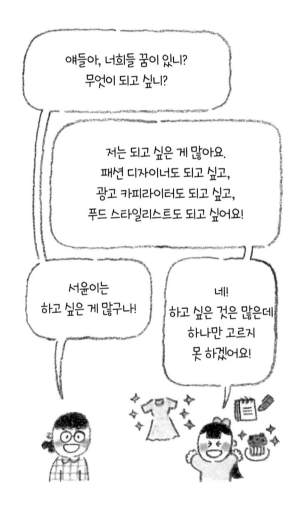

얘들아, 너희들 꿈이 있니?
무엇이 되고 싶니?

저는 되고 싶은 게 많아요.
패션 디자이너도 되고 싶고,
광고 카피라이터도 되고 싶고,
푸드 스타일리스트도 되고 싶어요!

서윤이는
하고 싶은 게 많구나!

네!
하고 싶은 것은 많은데
하나만 고르지
못 하겠어요!

하하하! 각자의 일들에 대해서
탐색해보고 가장 내가 잘 할 수 있는 일
혹은 가장 하고 싶은 것과 관련된
대학의 학과에 들어가면 되겠지.
어느 대학에 내가 원하는 과가 있는지도
알아보면 더욱 거기에 맞추어서
공부도 더 열심히 하게 될 거야.

선생님! 저는 뭐가 되고 싶은지…
아직 확실히 잘 모르겠어요.

우진아, 아직 늦지 않았으니
지금부터 생각해 봐.
무엇이 되고 싶은지,
무엇을 할 때 기분 좋은지,
어떤 분야에 재능이 있는지
한 번 생각해보렴.

4장 어떻게 살아야 할까

부모님은 제가 열심히 공부해서
의사가 되길 바라세요.
의사가 안정적이라고요.
그렇지만 저는 의사가 되고 싶은 마음이 없거든요.
그리고 의사가 되려면 의대에 들어가야 하는데
공부를 잘 해야 하잖아요.
저는 공부하는 것이 재미있지 않아요.

그래. 부모님이 원하시는 것과
우진이의 생각이 다를 수 있지.
우진이가 의사가 되는 것을
원하지 않는다면
부모님과 잘 상의해서
우진이가 하고 싶어하는 것을
찾아야 하겠지.

저는 축구하는 것이 좋은데
축구선수 하기에는 키도 작고
아직 실력도 모자라요….

웰다잉이 뭐예요?

그래? 축구하는 것을 좋아하는구나!
우진이 너 '박지성' 선수 알지?
박지성 선수도 축구선수 하기에는
신체적인 조건이 좋지 않았지.
키도 작고 마른 체격에
평발이기까지 했으니 말이다.

그런 박지성 선수도 처음에는
부모님이 축구선수가 되는 것을 반대하셨대.
안정적인 직업을 가지길 원하셨다는 거야.
그래서 부모님을 설득하였고,
꿈을 가지고 열심히 연습하고
매 순간 최선을 다하며
땀 흘려 노력한 결과로 그렇게
훌륭한 선수가 될 수 있었던 거란다.

『나를 버리다』, 박지성 지음, 중앙books 참조.

197

선생님, 그럼 저도 박지성 선수처럼
축구 국가대표 선수가 될 수 있을까요?

그럼, 될 수 있지!
먼저 목표를 정확히 세워야 하겠지.
정말 되고 싶으면 간절한 열망을 가지고
노력을 하게 될 거야.
목표가 없는 것은 마치
항해하는 배가 목적지를 정해놓지 않고
항구를 떠나 바다에서 어디로 갈지 몰라
이리저리 헤매이는 것과 같단다.
바다에서 배가 목적지 없이 떠돌다가
헤매면 어떻게 되겠니?

198

아, 그래서 목표를 정하는 것이 중요하고,
간절한 꿈을 갖는 것이
중요하다는 말씀이시지요?

그렇지. 우진이가 먼저
자신이 정말 하고 싶은 목표를 정하고 나서
부모님과 의논을 해봐.
우진이의 꿈이 확실하다면
부모님도 우진이를 믿어주시고
지원해주시며 밀어주실 거야!
그리고 꿈을 향한 간절함이 클수록
그것을 성취하려는 힘도 강력해진단다.

자신의 분야에서 최고가 된 사람들은
하나같이 확고한 꿈이 있었단다.
꿈이 있어야 공부도 하게 되고,
준비하는 사람에게 기회도 주어진단다.
아무리 꿈이 있어도 노력하지 않고
준비하지 않은 사람은
기회가 와도 그 기회를
잡을 수가 없는 것이지.

그래서 "하늘은 스스로 돕는 자를
돕는다"는 말씀을 하시려는 거지요?

하하하하. 서윤아!
역시 서윤이는 센스쟁이!

※ '하늘은 스스로 돕는 자를 돕는다.': 성실하게 노력하며 열심히
일하는 사람에게는 행운도 찾아온다는 말이다.

얘들아, 다른 사람과는 비교하지 말고
너희들 하고 싶은 것은 무엇이든 될 수 있으니
꿈을 크게 가지고 노력해보렴.
환경이 어려워도
꿈이 있으면 이겨낼 수 있단다.

선생님! 공부도 하기 싫고
노력도 하기 싫을 때도 있는데…
그럴 땐 어떻게 이겨내야 하지요?

웰다잉이 뭐예요?

그래. 누구나 힘들고 하기 싫어질 때도 있지.
서윤아, 그럴 땐 이렇게
생각해보면 어떨까?
나의 5년 후의 모습, 10년 후의 모습을
그려보는 거야.
그때 나는 어떤 모습이기를 바라니?

5년 후면 고등학생이 되어 있을 테고,
10년 후면 대학도 졸업할 때가
될 것 같은데요!

그래. 그때의 너의 모습은
지금 네가 하고 있는 노력의 결과인 것이지.
농부가 봄에 씨를 뿌리지 않으면
돌보는 수고도 하지 않아서 좋을 수 있지만
가을이 되어 열매를 거둘 때에
아무것도 수확할 것이 없는 상황과
마찬가지인 것이지.

네, 선생님! 미래의 나의 모습을 그려보며
그 모습을 위해 노력하라는 말씀이지요!

너희는 무엇이든 꿈을 꿀 수 있고,
노력하면 무엇이든 이룰 수 있단다.

네, 선생님!
저도 축구선수로 성공하고 싶어요.

그래, 우진아. 성공은 좋은 것이나
성공이 목표가 되어서는 안 되는 거 알지?
성공은 목표가 아니라
꿈을 향해 열정을 가지고 땀을 흘릴 때
주어지는 결과인 것이지.
우리 삶에서 결과만을 바라고 살다보면
그 결과에 못 미치는 경우도 있어서
실망할 때도 있단다.
그러나 순간순간 과정에 충실하다보면
그 과정에서 많은 것을 배우기도 하고,
얻는 기쁨도 많단다.
결과도 중요하지만 과정도 충실하게
여겨야 한단다.

웰다잉이 뭐예요?

결과만을 중요하게 여기다 보면
바르지 못한 수단과 방법을 사용하고 싶은 유혹에
빠지게 될 수도 있단다.
선수는 페어 플레이를 해야 하듯이
우리도 스스로에게 당당하려면
바른 방법으로 해야 한다는 것도 명심해야 한다.

네, 선생님!

페어 플레이(Fair play)

규칙상 정정당당한 경기정신에 입각하여 경기하는 것.

[체육사회학] 페어 플레이는 영국적인 관념이며, 교육과 밀접한 관련을 가졌던 용어이다.

16세기에 영국의 상류 계급 사이에서 유행하던 사교로서의 스포츠 매너에서 유래한 말인데, 뒷날 19세기의 퍼블릭 스쿨(public school)에서 성격형성의 수단으로써 스포츠가 강조되자 페어 플레이 정신이 강조되었으며, 이 개념이 점차 외국에도 보급되었다.

오늘날에는 사람에 따라 다소 내용이 다르지만 페어 플레이의 의미는 스포츠맨십, 스포츠 정신, 신사도, 기사도 정신 등과 같은 뜻으로 사용되는 경우가 많다.

그러나 일반적으로는 ① 성문화된 룰을 엄수하는 것, ② 진실과 성실의 정신(spirit of truth and honesty)을 바탕으로 한 태도를 표명해야 한다는 의미가 페어 플레이라는 말에 담겨 있다. ②는 일상적으로는 '공정한 행동', '정정당당한 싸움', '다른 사람에 대한 배려와 이해심' 등과 같이 표현되고 있다.

(이태신, 『체육학대사전』, 민중서관(2000))

웰다잉이 뭐예요?

하하하! 우진이가
우리나라 축구 국가대표 선수가 되어
운동장을 누비는 것을 상상해보니
선생님도 신나는 걸!
우진아, 너 그때 가서
선생님 모른 척하면 안 된다! 하하하!
서윤아, 우리 축구 국가대표 선수인
우진이 사인 미리 받아놓을까?

네, 선생님! 저도 우진이 사인
미리 받아 놓아야 할까봐요!
우진아, 여기다 사인 좀 해줘! 호호호!

아~ 왜 그러세요, 선생님!
서윤아, 너까지 놀릴 거야!

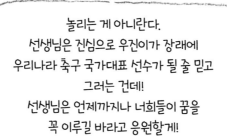

놀리는 게 아니란다.
선생님은 진심으로 우진이가 장래에
우리나라 축구 국가대표 선수가 될 줄 믿고
그러는 건데!
선생님은 언제까지나 너희들이 꿈을
꼭 이루길 바라고 응원할게!

네, 선생님!
선생님의 응원의 말씀을 들으니
용기가 나는데요!
자신감도 생기고요!

그래, 우리는 늘
네 팬이다!
우진이는
영원한 팬 두 명을
이미 확보한 거고!

그래,
우진아.
파이팅!

웰다잉이 뭐예요?

그래, 미래는 꿈 꾸는 자의 것이란다.
꿈을 많이 꾸자.
너희들 미키마우스 알지?

네! 미키와 미니가 있지요.

그래~ 그 미키마우스 캐릭터와 겨울왕국 등의
애니메이션을 만든 미국의 애니메이션 회사
월트 디즈니사의 월트 디즈니는
어린 시절 농장에서 살았는데,
월트는 심심할 때마다
석탄으로 땅바닥에 그림을 그리며 놀았대.
그림 그리기를 좋아하던 월트는
나중에 만화도 그리게 되었는데,
그러다 생쥐가 와서 빵을 갉아먹는 모습에
착안해서 미키마우스를 그리게 된 거지.

늘 꿈을 꾸며 노력했던 그는
아이들에게 상상력과 꿈을 심어주고자
만화영화도 제작했고,
아이들이 좋아하는
많은 캐릭터를 만들어냈고,
아이들의 상상력을 자극하는 꿈의 동산인
디즈니랜드를 만들기도 했단다.

아! 미키마우스가 그렇게 탄생했군요!
놀라워요!

와! 정말 한 사람의 작은 아이디어와 꿈이
이렇게 세계의 어린이들에게
행복한 영향을 주는 현실이 되다니!

그런 예는 무수히 많단다.
너희들도 꿈을 꾸고 노력해서
더 멋진 일들을 할 수가 있단다.
서윤아, 서윤이는 꿈은 많은데
아직 무엇을 할지 정확하게 정하지 않았다고 했지?
그 중에 디자이너도 있던데…
디즈니처럼 디자이너가 되는 것은 어떨까?
서윤이한테 잘 어울릴 것 같은데!

네, 선생님!
저도 선생님 말씀을 듣고 나니
열심히 공부하고 노력해서
많은 사람들에게 행복을 주는
디자이너가 되고 싶어요!

웰다잉이 뭐예요?

저자 약력

글

김광환(연구책임자)

계명대학교 공중보건학과에서 환자이탈군 특성요인과 이탈환자 예측모형에 관한 연구로
보건학 박사학위를 받았다. 건양대학교 병원경영학과에 재직하면서 의무기록 강의를 하
고 있다. 대한보건정보관리학회 학회장을 맡았고, 현재 한국연구재단 융합연구총괄센터
융합연구학회 부회장으로 재임하고 있으며, 한국산학기술학회, 한국융합학회 의과학분과
논문지 편집위원장을 맡고 있다. 저서로는 『지혜로운 삶을 위한 웰다잉』(구름서재), 『내 인생
저만치에 죽음이』(북랩) 등 웰다잉 관련 도서 4편을 공동저자로서 저술하였다. 논문으로 「A
Study on the Characteristics of Patients Deceased at Convalescent Hospitals」(Indian
Journal of Science and Technology)등 100여편의 논문이 있다. 현재 건양대학교 웰다잉 융합
연구회의 책임연구원으로 죽음교육에 관한 연구를 진행하고 있다.

김문준

성균관대학교 동양철학과에서 우암 송시열의 철학사상에 관한 연구로 철학박사 학위를 받
았다. 건양대학교 교양대학 교수로 재직하면서, 건양대학교 부설 예학교육연구원 원장을
맡고 있다. 동양철학과 한국철학 등을 강의하고 있다. 지은 책으로는 <동양철학의 이해>(건
양대출판부), <우암 송시열의 생애와 사상>(남간사), <우암 송시열이 추앙한 선현들>(남간사)
등이 있으며, 유학에서의 늙어감에 관한 지혜 등 유학사상, 동양사상 문화 관련 논문이 다
수 있다. 현재 건양대학교 웰다잉 융합연구회의 공동연구원으로 죽음교육에 관한 연구를
진행하고 있다.

김용하

서강대학교 경영학과에서 의료기관의 명성과 서비스품질간의 관계에 관한 연구로 박사학
위를 받았다. 건양대학교 병원경영학과 교수이며, 건양대학교 부총장 및 건양대병원 행정

원장을 역임하고 있다. 충남녹색성장 포럼위원회 위원장을 맡았었고, 前) 한국 서비스경영학회 회장을 거쳐 현재 대한결핵협회 대전, 세종, 충남지부 지부회장을 맡고 있다. 최근의 논문으로 「A Study on Perception on Death, Action on Death Preparation, and Death Education among Medical Personnel」 (Indian Journal of Science and Technology)을 게재하고 있으며 현재 건양대학교 웰다잉 융합연구회의 공동연구원으로 죽음교육에 관한 연구를 진행하고 있다.

박아르마

서울대학교 대학원 불문학과에서 미셸 투르니에 연구로 불문학 박사학위를 받았다. 건양대학교에 재직하면서 글쓰기와 문학 강의를 하고 있다. 지은 책으로 『글쓰기란 무엇인가』(여름언덕)가 있고, 논문으로 「An Analysis of Death Education-related work duty on medical care providers using the dacum method」 (International Journal of Applied Engineering Research)와 번역한 책으로 『로빈슨』, 『유다』, 『살로메』(이상 이룸), 루소 『고백』(책세상) 등이 있다. 현재 건양대학교 웰다잉 융합연구회의 공동연구원으로 죽음교육에 관한 연구를 진행하고 있다.

송현동

한국학중앙연구원에서 한국의 죽음의례연구로 철학 박사학위를 받았다. 건양대학교 글로벌호텔관광학과에 재직하면서 관광인류학, 웰니스 관광, 교양과목으로 삶과 죽음의 인문학, 죽음학 등을 강의하고 있다. 지은 책으로 『서울 사람들의 죽음, 그리고 삶』(서울특별시시사편찬위원회)가 있고, 논문으로는 그랜드 투어의 관광사적 의미 고찰(관광레저연구), 한국 종교관광의 특성과 과제(종교연구), 관광지 개발에 대한 비판적 고찰-전주 한옥마을의 사례(한국외식산업학회지), 한국 신종교의 문화관광콘텐츠 잠재성 연구(신종교 연구) 등이 있다. 현재 건양대학교 웰다잉 융합연구회의 공동연구원으로 죽음교육에 관한 연구를 진행하고 있다.

심문숙

이화여자대학교 간호대학을 졸업하였으며, 이화여자대학병원 중환자실 임상경력이 있다. 건양대학교 간호대학에 재직하면서 지역사회간호를 강의하고 있으며, 지역사회간호학, 노인간호, 보건교육, 보건의료법규 등 저서를 집필하였다. 노인요양시설경영자과정과 한국간호교육학회 주관 호스피스간호 임상연수를 받았으며, 한국보건간호학회장으로 봉사하고 있다. 여러 편의 논문이 있다. 현재 건양대학교 웰다잉 융합연구회의 공동연구원으로 죽음교육에 관한 연구를 진행하고 있다.

안상윤

충남대학교 대학원에서 "경영상 해고 후 잔류 종업원의 행동변화에 대한 연구"로 경영학 박사 학위를 받았다. 충남대학교 기획연구실에서 국제교류 및 홍보팀장으로 근무하였으며, 지금은 건양대학교 병원경영학과 교수로 병원조직인사관리, 의료마케팅과 소비자행동, 의료관광학, 의료커뮤니케이션, 자본주의정신과 직업 등을 강의하고 있다. 대외적으로는 대한경영학회 부회장, 보훈복지의료공단 경영자문교수 등으로 활동하고 있다. 저서로는 「의료소비자행동의 이해」를 비롯한 13종의 책이 있고, 연구논문으로는 '종합병원의 전략 지향성이 성과에 미치는 영향'을 비롯한 25편이 있다. 현재 건양대학교 웰다잉 융합연구회의 공동연구원으로 죽음교육에 관한 연구를 진행하고 있다.

이무식

계명대학교 의과대학을 졸업, 계명대학교 동산의료원 인턴 및 레지던트를 수료, 예방의학과 전문의, 직업환경의학과 전문의를 취득하였으며, 동 대학원에서 의학(예방의학 전공) 석·박사 학위를 취득하였고, 미국 메이요클리닉에서 연수하였다. 현재 건양대학교 의과대학 예방의학교실 및 보건복지대학원에서 강의하고 있으며, 건양대학교 보건복지대학원장, 건양대학교병원 직업환경의학과장 등으로 봉사하고 있다. '보건학(계축문화사)' 등 45여편의 저·역서와 230여편의 국·내외 학술논문을 발표하였다. 현재 건양대학교 웰다잉 융합연구회의 공동연구원으로 죽음교육에 관한 연구를 진행하고 있다.

이종형

한림대학교 통계학과에서 신뢰성분야 연구로 박사학위 받았으며 서울대학교 복잡계통계연구센터에서 박사후 연구원으로 연구를 수행하였다. 연세대학교 보건대학원에서 보건학 석사학위를 받았으며 현재 병원경영학과 교수로 통계학, 컴퓨터 프로그래밍 분야를 강의하고 있다. 신뢰성, 통계학, 빅데이터, 보건학 및 웰다잉 분야에 관심을 갖고 40여편의 논문을 게재하고 있으며 현재 건양대학교 웰다잉 융합연구회의 공동연구원으로 죽음교육에 관한 연구를 진행하고 있다.

최문기

부산대학교 심리학과 졸업 후 프랑스 리용II대학에서 인지심리학 석사 및 박사학위를 받았다. 박사논문은 불안증을 중심으로 한 인간의 감성과 인지가 상호작용하는 방식을 다양한 심리학실험으로 논의하였다. 건양대학교 심리상담치료학과에 재직하면서 주로 심리학 기초 및 감성 심리학을 강의하고 있다. 논문으로는 「Different mechanism of visual attention in anxious and nonanxious population」(인지과학) 등 20여편이 있다. 건양대학교 웰다잉 융합연구회의 공동연구원으로 죽음교육에 관한 연구를 진행하고 있다.

황혜정

건양대학교 대학원에서 방문건강관리 대상자의 노인증후군, 허약 및 삶의 질 관계에 관한 연구로 의학박사 학위(예방의학 전공)를 받았다. 건양사이버대학교 보건의료복지학과에 재직하면서 주로 보건학 및 보건교육학, 치매와 가족 등을 강의하고 있다. 지은 책으로『보건학』(계축문화사), 『알기 쉬운 고혈압 교육자료』(봄)등이 있고, 최근의 논문으로「A Study on Perception on Death, Action on Death Preparation, and Death Education among Medical Personnel」(Indian Journal of Science and Technology)을 게재하고 있으며 현재 건양대학교 웰다잉 융합연구회의 공동연구원으로 죽음교육에 관한 연구를 진행하고 있다.

장경희

한림대학교 대학원에서 생사학(生死學)전공으로 석사학위를 마치고, 건국대학교 대학원에서 문학예술치료 박사과정 중에 있다. 자살예방교육과 웰다잉 교육 전문강사로 활동하고 있으며, 사전연명의료의향서 상담사로 봉사 중이다. 한국웰다잉교육원 공동대표와 건양대학교 웰다잉 융합연구회 연구원으로서 죽음교육에 관한 연구를 진행하고 있다.

이서희

건양대학교 보건복지대학원 보건학과에서 석사과정 재학 중이며, 현재 건양대학교 웰다잉 융합연구회의 연구원으로서 보건학적 관점에서 본 죽음교육의 자료 수집 및 개발 등 연구 보조업무를 수행하고 있다.

그림

뜬금

그림 작가. 일러스트와 웹툰, 전시 작품 등 다양한 그림을 그린다. 오밀조밀, 알록달록, 소박한, 따뜻한, 아늑한, 매력적인 그림을 지향한다. 네이버(Naver) 베스트 도전과 다음(Daum) 웹툰 리그 1부에서 '날마다 끄적끄적 : 고요히 산다는 것'을 연재 중이며, 주요 작품으로는 '고용노동부-워크넷과 함께 하는 취업 다이어리', '환경부-화니와 경이의 일상필수! 환경 다이어리', '한국저작권위원회-오픈소스sw 라이선스 캠페인', 'EBSe채널-I♥카툰영어', '신한은행-M-Folio 자산 관리', '한국다케다제약-컴플라이언스 웹툰', '세광음악출판사-윤원준 기타교실', '미래엔-N기출 수능기출 문제집', '스토어하우스-슥삭슥삭 색연필 일러스트' 등이 있다.